绩效边界

突破人才瓶颈，实现业绩增长

著 / [美] 乔恩·扬格
（Jon Younger）
[美] 诺姆·斯莫尔伍德
（Norm Smallwood）

译 / 王小皓　孙可薇

中信出版集团 | 北京

图书在版编目（CIP）数据

绩效边界：突破人才瓶颈，实现业绩增长 /（美）乔恩·扬格,（美）诺姆·斯莫尔伍德著；王小皓,孙可薇译. -- 北京：中信出版社, 2021.9
书名原文：Agile Talent: How to Source and Manage Outside Experts
ISBN 978-7-5217-2493-6

Ⅰ. ①绩⋯ Ⅱ. ①乔⋯ ②诺⋯ ③王⋯ ④孙⋯ Ⅲ. ①企业管理—人才管理 Ⅳ. ①F272.92

中国版本图书馆CIP数据核字（2020）第249077号

Agile Talent: How to Source and
Manage Outside Experts by Jon Younger and Norm Smallwood
Original work copyright © 2016 Jon Younger and Norm Smallwood
Published by arrangement with Harvard Business Review Press
Unauthorized duplication or distribution of this work constitutes copyright infringement.
Simplified Chinese translation copyright © 2021by CITIC Press Corporation
ALL RIGHTS RESERVED
本书仅限中国大陆地区发行销售

绩效边界——突破人才瓶颈，实现业绩增长

著　　者：[美]乔恩·扬格　[美]诺姆·斯莫尔伍德
译　　者：王小皓　孙可薇
出版发行：中信出版集团股份有限公司
　　　　　（北京市朝阳区惠新东街甲4号富盛大厦2座　邮编 100029）
承　印　者：北京楠萍印刷有限公司

开　　本：787mm×1092mm　1/16　　印　张：16.25　　字　数：175千字
版　　次：2021年9月第1版　　　　　印　次：2021年9月第1次印刷
京权图字：01-2018-5247
书　　号：ISBN 978-7-5217-2493-6
定　　价：69.00元

版权所有·侵权必究
如有印刷、装订问题，本公司负责调换。
服务热线：400-600-8099
投稿邮箱：author@citicpub.com

本书所获赞誉

当今社会，超过50%的劳动力属于敏捷（或者"临时"）人才，各家企业应该高度重视扬格和斯莫尔伍德的这本书。随着全球职场的变化，提升生产效率带来的压力使企业越来越趋于精简化。行业领先的企业必须要考虑它们如何提出令人信服的价值主张并不断加以优化，以此吸引能够为它们带来成功的人才。这本书提供了诸多宝贵的深刻洞见、解决问题的方法以及鲜活的案例，说明了企业应该拥有何种人才、雇用何种人才，以及如何拥有这种人才。书中描写的是一种全新的方式，它使企业能够跨越价值链开展工作，并且优化为自己或者与自己合作人员的工作绩效，提升生产效率。

——托德·M.沃纳

必和必拓公司（BHP Billiton）前副总裁、首席学习官，Like Minds咨询公司创始人这本书切中要害，贴近实际，读后可以马上付诸实践，无论你是首席执行官、首席人力资源官，还是公司其他层级的领导，抑或只是一名正在寻找创新方法让公司在市场中获得竞争优势的股东。乔恩·扬格和诺姆·斯莫尔伍德有着丰富的经历，他们进行了深入研究，广泛接触客户，见解深刻独到。未来的工作完成方式会发生变化，为股东创造价值的方式也会发生变化，而这本书以简单而有力的方式阐述了影响两者的关键趋势。我是《财富》500强企业人力资源部门的主管，这本书提到的问题以及给出的解决方案让我能够更有效地管理我们的内部和外部人才。

——苏珊·J. 施米特

罗克韦尔自动化有限公司（Rockwell Automation）高级副总裁兼人力资源部主管

扬格和斯莫尔伍德深入讨论了敏捷人才及其各种部署形式，影响深远。在怡颗莓公司（Driscoll's），正是因为他们的观点，我们实施了我称为"虚拟垂直整合"的措施，即企业可以从垂直整合中获益，但是又不会因为需要关注多个重点而导致在每个方面的工作都趋于平庸。这一措施考虑到了专业化和企业家精神，让两者既得以同时彰显，又能协调发展，这也是垂直整合带来的益处。这本书有助于推动这种思维方式的发展。

——凯文·墨菲

怡颗莓公司首席执行官

与外部专业人才签约，这是各种规模和类型的企业的惯常做法，在这本书中，扬格和斯莫尔伍德研究的正是这种做法。他们希望每位读者都能冲破典型的、狭隘的和情景化的策略，转而从战略上整体思考如何对待外部人才。

——谢利·塞弗特

第一银行（First Bank）首席行政官

作为人力资源领域的从业者，我们经常面临的挑战就是为企业提供企业愿意遵循的路线图，也就是说企业能够接受路线图带来的投入回报。但是花费大量预算去实现人力资本规划中的目标，有时会遇到障碍。这本书如同一座宝库，提供了难能可贵的经验和非常实用的解决方案，全书用成本效益法概述了能力建设及其优势。这本书展示了如何创建一支满足企业特殊需求的敏捷团队。

——凯瑟琳·威尔逊－汤普森

沃尔格林博兹联合公司（Walgreens Boots Alliance）执行副总裁兼全球首席人力资源官

我们怎样才能随时随地拥有最优秀的人才，而且充分发挥他们的作用，即使他们都不会出现在我们的员工名单上？这本书很好地回答了这个问题。它提供了一幅路线图，指引我们驶入全新领域，从而了解一种全新的、影响巨大的劳动关系。

——柯克·奥布里

Savage 公司总裁兼首席执行官

在全球范围内，人才问题无疑是商业领域最大的挑战，但是我们的人才战略却缺乏创意，循规蹈矩，延续旧习。在这本书中，乔恩·扬格和诺姆·斯莫尔伍德勾勒出了"敏捷人才"这种全新的途径与方法。两位作者给我们提供了一幅战略可靠、贴近实际的路线图，指引我们利用这种全新的方法开展人力资源工作，切实提升竞争优势。这是行业中真正的创新。我极力推荐这本书！

——埃旺·鲍尔斯塔德
HR Norge 公司执行董事

许多高管都在对自己公司业务所涉及的各个关键领域进行战略调整和创新，包括提升吸引和培养人才的能力，无论他们是内部人才还是外部人才，借此增大企业成功的概率。扬格和斯莫尔伍德在这本书中提出的观点对这些高管来说大有裨益。从现在到未来，市场瞬息万变，客户需求日新月异，书中提供的方法可以让高管提升战略思维能力和领导力，让他们应对自如。

——丹尼尔·赫梅尔
Falck Global Assistance 公司首席执行官兼董事总经理

扬格和斯莫尔伍德向我们展示了如何通过管理敏捷人才和云人力资源来细致入微地管理现代企业，从而使其更具竞争力。这本书清晰而准确地描述了所有企业未来运营成败的关键因素。

——奥马尔·卡德
Paltech 公司董事会主席兼首席执行官

目 录

推荐序 ·V

第一章 使用敏捷人才，获取竞争优势：
趋势、机遇和挑战

趋势 ·006

机遇 ·009

挑战 ·015

解决之道 ·020

敏捷人才的不同之处 ·022

如何充分发挥敏捷人才的作用 ·023

阅读本书的收获 ·025

第二章 发现机遇：
评估敏捷人才对企业的价值

战略性企业能力 ·034

确认能力和缩小差距 ·037

能力架构 ·047

第三章 优化战略：
选择利用敏捷人才的正确途径

拥有、长期雇用还是短期雇用？·058

苹果：强化设计这一战略核心 ·062

依赖敏捷人才 ·064

不同的目标 ·066

敏捷人才的用途 ·075

第四章 让敏捷人才在企业中获得价值感

不仅是钱的问题 ·082

企业能提供什么 ·084

树立雇主品牌，缩小差距 ·093

领导者必须指明道路 ·096

评估企业文化 ·097

引导敏捷人才，为他们的成功做好准备 ·099

企业的支持 ·104

预测并解决可能存在的问题 ·105

第五章 确保专业人才的优异表现：
即便人才不属于你，也需要培养

从最初相识到贡献力量 ·110

驱动发展的因素 ·118

如何利用职业阶段模型来寻觅和支持外部人才 ·120

缩小差距 ·129

第六章　让人才融入企业，内外部人才通力合作

给予外部人才 VOI^{2}C^{2}E · 137

阻碍敬业度提升的因素 · 139

提高敏捷人才的敬业度 · 141

首席外部人才官 · 150

第七章　人才管理者：
知道你需要何种技能，理解如何应用这些技能

领导力密码 · 158

强有力的领导者如何让敏捷人才发挥作用 · 163

执行者：好的领导者会做出规划，清理路障 · 165

人才管理者：驱动未来 · 168

人力资本开发者：保证企业长期具备胜任力 · 171

个人素质连接全局 · 175

第八章　引领变革：
在企业管理人才的方式上进行创新

敏捷人才的不同利用方式 · 182

变革的挑战 · 186

飞行员逐项检查清单 · 190

处理变革的文化障碍 · 193

通往阿比林的道路 · 195

第九章　引进敏捷人才的深远影响：
　　　　制订人才计划的步骤

作为战略因素，敏捷人才的重要性会不断增加 · 202

利用敏捷人才任重道远 · 203

敏捷人才让我们重新思考企业结构 · 203

敏捷人才需要密切的内外部伙伴关系 · 207

敏捷人才让我们重新思考人才管理 · 211

敏捷人才改变了我们支持职业发展的方式 · 216

一项为期 90 天的计划 · 220

对待敏捷人才：从傲慢自大到主动邀约 · 222

一切取决于领导力 · 224

附　录　公司的敏捷人才效能商 · 227

致　谢 · 235

注　释 · 239

推荐序

  这本书中的思想富有远见、极具价值。乔恩·扬格和诺姆·斯莫尔伍德提出了清晰而精练的路线图，以此吸引和凝聚外部专家，并与他们合作，高效地领导他们开展工作。乔恩和诺姆称这种外部专家为"敏捷人才"。

  全球人才网络不断扩大，企业也越来越依赖于这个网络中的专家。你的企业可能称他们为"外部员工""临时工作人员""自由职业者""承包商""吉客"（gigsters）[①]，但不管怎样称呼，如何管理和领导他们才是问题所在。

  彼得·德鲁克于1999年在《加州管理评论》（*California Management Review*）上刊文阐述自己对于"知识型工作者"的看法，他认为，"在21世纪，管理学应该着力于……提高知识型工作和

[①] 随着零工经济（gig economy）在全球的盛行，gig 用来表示短期、临时性的工作，gigsters 则指做类似零工工作的人。——编者注

知识型工作者的生产力"。领导专家本身就非常困难，如果他们同时还是敏捷人才，那无疑是难上加难。他们不需要别人告诉他们应该如何工作，实际上，过度管理会让他们对公司产生误解或者在工作中出错。

想要敏捷人才充分发挥效用，领导者就必须跳出工作本身，思考企业必须具备哪些条件才能让这些外部专家顺利开展工作：企业的职业导向和入职培训体系是否健全？是否向专家阐明了他们的工作在宏观层面能够取得怎样的成就？专家是否得到了必需的支持？专家必须与部分内部员工合作，他们彼此之间是否建立了所需的良好关系？专家是否得到应有的尊重，是被视为朋友，还是遭到猜忌怀疑？乔恩和诺姆直面这些问题，并给出了答案。

正如两位作者所言，敏捷人才的兴起"正在改变企业与员工之间的传统关系，更会带来两者关系的重大变革，对管理人员和领导者也提出了新的要求"。为了利用好敏捷人才这个专业知识和技术的全新组合，顺利将其接入并使用全球人才网络，延续企业的生存与发展，企业和企业领导者必须摆脱以往专注内部人员的思路，准备好与外部人才建立伙伴关系。

然而这绝非易事，有人说如果能完成上述任务，那绝对是里程碑式的成功，但是乔恩和诺姆的点拨会助你一臂之力。两位作者提供了非常全面的体系和方法，深入探究了敏捷人才希望在自己的职业生涯中和雇主与客户身上获得什么，两位作者出色地完成了这项工作。全书各章讨论了企业怎样吸引和欢迎敏捷人才，怎样与外部专家合作，以及怎样让他们全身心投入工作。针对每个问题,作者都给出了最佳解决方案。全书充满智慧,实操性强。

这本书精彩纷呈又意义非凡,我希望你能喜欢它,也希望它能引领你走入敏捷人才的全新时代。

马歇尔·古德史密斯[1]

---

[1] 马歇尔·古德史密斯,位列全球最具影响力的50大管理思想家前十,《自律力:创建持久的行为习惯,成为你想成为的人》一书的作者,本书位列《纽约时报》《华尔街日报》畅销书榜首。

第一章

使用敏捷人才，获取竞争优势：
趋势、机遇和挑战

现在，几乎所有企业都在加大外部人才的使用量。为了实现自身战略目标，企业会采取非传统的工作关系和非一般的雇佣形式，引进个人、团队甚至整个公司。慕尼黑再保险集团（Munich Re）和美国国际集团（AIG）这样的保险公司在风险评估中会利用外部气象专家更好地考量天气因素。谷歌和英特尔在研发变革性产品的过程中，会依靠社会科学和生物力学领域的专家，更深入地理解人们对于技术的看法和如何应用技术。《印度时报》（The Times of India）会定期与外部宏观顾问以及印度商学院（ISB）等教育机构合作，提升其高管的人文知识与管理技能，从而满足地区和全国性竞争的需要。中国高科技巨头华为持续在全球范围强力扩张，其中就有世界各地咨询公司的功劳。总部位于美国的制药和医疗保健巨头麦克森（McKesson）发现，在商业战略和物流支持等领域，外部专家的专业知识丰富了公司的战略，而且对公司来说越来越重要。同时，麦克森还在医疗保健领域的信息技术、医师执业管理、家庭护理和临终关怀咨询服务等领域向医疗保健服务供应商提供外部人才。

正是因为技术的发展和人才的全球化，使得像谷歌、华为和麦克森这样的公司通过在战略层面利用外部专业人才，在行业竞争中建立了优势。这些公司的管理者深知，敏捷、快速和精益的企业战略势必要求他们以全新的方式思考如何获取和利用关键的战略人才，如何填补战略能力中的关键空白。这种出于战略目的，越来越多地使用外部人才的策略，我们称为"敏捷人才转向"。我们用"云人力资源"这个新造词来描述公司利用敏捷人才的方式：借助技术手段，在全球人才库中搜罗人才。在云人力资源的支持下，敏捷人才可以丰富企业的技能，特别是战略技能；此外，敏捷人才较之传统的雇佣模式性价比更高。

选择进行敏捷人才转向的并不仅仅是公司或企业，英国政府有一半预算用来支付工作人员的工资，然而支付对象不是公职人员，而是为英国政府服务的外部专业人才和企业。这种转向也不局限于大公司，财捷公司（Intuit）预测，未来小型企业雇用员工的模式也会发生巨大变化，更多地会转向根据实际情况雇用人才，即雇用自由职业者、承包商、兼职人员和其他有别于传统雇佣模式的人员。这种变化会改变小型企业的运营模式（参见延伸阅读1：敏捷人才的规模）。

敏捷人才无处不在，并不会受地域因素和行业差异的影响。

延伸阅读 1

| 敏捷人才的规模 |

目前已经有很多针对全球敏捷人才的研究，但是对于敏捷人才的规模，研究结果各有不同。2013 年，埃森哲咨询公司研究表明，目前 20%～30% 的企业员工不属于传统的全职或终身雇佣关系。最近，德勤咨询公司估计，企业 30%～40% 的全时工作当量（FTEs）是由外部人才完成的。英国政府的报告表明，超过 50% 的国家预算用于支付使用外部人才的费用。总部设在美国的自由职业者联盟进行过一项有趣的研究，结果表明，按照项目结算的自由职业者，也就是我们说的"吉客"已经占到美国总劳动力的 1/4，他们通常会为多个企业效力。[1]

所有这些研究对外部人才的定义也彼此不同，部分研究将某些外包活动也计算在内，而我们对于敏捷人才的定义并没有将之包含在内。虽然各项研究在敏捷人才的具体规模方面认识不一，但是可以明确的一点是，敏捷人才浪潮不仅规模巨大，而且正以显著的速度增长。

从终身雇佣制的人才队伍转变为更加灵活、更加敏捷的人才队伍，这种转向无论是在新加坡还是在硅谷，无论是在俄罗斯石油公司（Rosneft）、雪佛龙公司（Chevron）还是在英国石油公司（British Petroleum），都前景广阔。尽管公司高管和政府部门的负责人都希望能够最大限度地利用外部战略人才，但是目前他们的企业或者

部门并没有做好充足准备，从而导致许多企业或者政府部门陷入进退两难的境地。本书的目的就是帮助企业或者政府部门摆脱这种窘境。

趋　势

在过去几年，我们一直与世界各地各个行业的领军企业和政府机构合作，进行教学、研究并提供咨询服务。我们留意到外部人才领域的一些重大发展。[2]

第一，由于竞争加剧，创新者打破了各个行业和市场的平静，对"拿来即用型人才"的需求日趋扩大。因此，企业越来越依赖于实用型外部专家，而且企业中需要外部专家的领域也越来越多，企业通过这种途径可以获取和掌握运营和成长所需的重要能力。企业不仅需要获得全新的能力、增强已有的能力，而且要以更快的速度获得全新的能力、增强已有的能力，企业做出调整和改变的速度也需要大幅提升。例如，德勤咨询公司曾发布报告称，过半的受访公司表示，它们对于"应急员工"的需求在未来3~5年内会持续增长（见图1-1）。[3]

第二，外部人才中有很大一部分是训练有素的专业人才。以贝恩资本（Bain Capital）为例。这家价值700亿美元的收购公司最早从事的是战略咨询业，后因其创始人兼首席执行官米特·罗姆尼参与美国总统大选而闻名于世。私募股权业此前的模式是让投资组合公司与通才型合作伙伴或者合伙人建立关系，开展合作。但

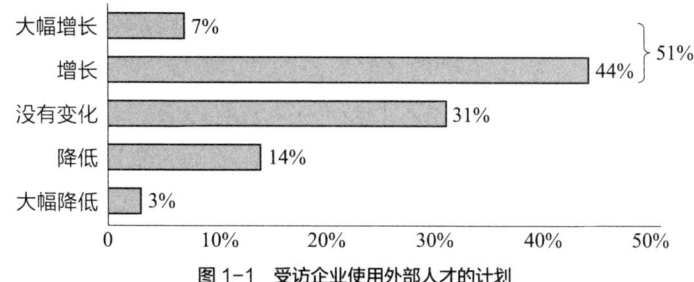

图1-1 受访企业使用外部人才的计划

注：因四舍五入，数据总和不是100%。
资料来源：Lisa Disselkamp, Werner Nieuwoudt, and David Parent, "Workforce on demand," Deloitte University Press, February 27, 2015, http://dupress.com/articles/on-demand-workforce-human-capital-trends-2015/.

时代早已改变，像贝恩资本这样的公司可以为投资组合公司提供一系列外部人才。私募股权业称这些外部人才为"运营伙伴"，他们的专业技能可以提升投资组合公司的业绩，贝恩资本以此来吸引投资组合公司。运营伙伴可以提供供应链管理、人力资源、可持续发展、数字营销和客户服务等非传统领域的专业技能。正如大西洋资本（Atlantic Capital）前董事总经理帕特·赫德利所说，"对私募股权公司投资的公司来说，私募股权公司就是它们的'云资源'"。[4]

同样，金宝汤公司也需要高水准外部专家的帮助。这家美国食品公司初入中国市场就遭遇了滑铁卢。金宝汤有自己的成功秘诀，"打开罐头，加热后食用"是它长久以来的理念，这个理念在美国市场取得了巨大成功，金宝汤认为它在中国也能奏效。但实际情况并非如此，中国的家庭主妇对自己煲汤的技术深感自豪，这令金宝汤始料未及。但在咨询人类学家之后，金宝汤推出了全新的产品，即营养丰富的浓缩型基础高汤，让中国的家庭主妇可以在金宝汤产品的基础上自己添加肉类和蔬菜，制作出来的汤品与家庭烹饪的汤品口味无二。

第三，在全球范围内，随着教育普及程度的提升和经济的发展，公司可以更方便地使用外部人才掌握的专业技能。培养博士研究生的国家越来越多，涉及的技术和专业领域也越来越广泛。《自然》杂志公布的数据表明，这一趋势是显而易见的（见图1-2）。[5] 尽管理性的观察者依旧认为各国技术人才的水平参差不齐，但是技术人才的数量正在飞速增长，这一点是毋庸置疑的。

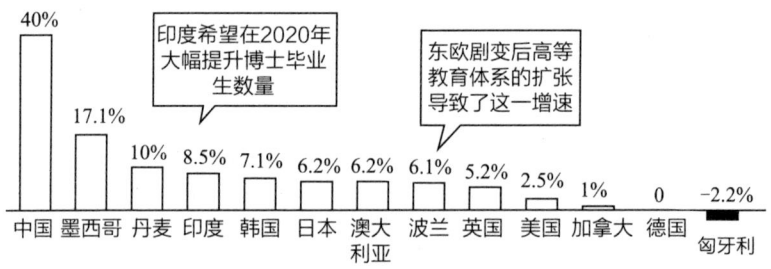

图1-2 专家数量的增长：各个学科博士学位年均增长情况（1998—2006年）

资料来源：Zhu Lui and Yong Geng, "Is China Producing Too Many PhDs?" *Nature*, June 2011.

过去10年，中国拥有自然科学博士学位的学生数量增加了40%，墨西哥的博士毕业生增加了17%。在行业和技术发展的推动下，新的技术领域的诞生速度比以往任何时候都要更快。例如，生物纳米技术学是新近诞生的学科，它把物理学和合成生物学两个学科联系并整合起来。生物纳米技术学发展前景广阔，应用领域广泛，然而它成为一个独立的应用研究领域仅仅只有几年时间。

第四，无论是用人企业还是个人求职者都在重新考虑"职业"的定义。越来越多像美捷步（Zappos，美国最大的网上鞋店）和领英这样的企业，早已避开传统的雇佣关系，转而采用全新的、灵活的用人模式，即提供吸引力强的临时工作，而不是全职的终身工作。脸书公开表示，在用人方面，该公司既需要临时工作人员，也需要长期雇员。社会学家称这类人才为"流动员工"，但这绝不是最适宜的术语。其他一些术语似乎更为形象，能更准确地捕捉到目前的趋势和氛围，比如自由职业者、项目迷、服务期盟友或者我们最喜欢的"吉客"，也就是打零工的人。

无论我们怎么称呼这个人数众多而且仍在不断增长的群体，正如"延伸阅读1：敏捷人才的规模"中提到的，在企业中短暂效力的员工现在已经占到总劳动力的20%~40%。

机　遇

针对外部人才的需求不断加大、对训练有素的专家的依赖不断增加，以及教育和经济发展带来更多专业人才等现实趋势，公司对于新兴劳动力的偏好和期望正不断变化。这四个趋势产生的合力，催生了我们称为"敏捷人才"的重大变革。企业及其员工之间的传统关系正因为敏捷人才而发生转变和变革，而且敏捷人才的兴起也对管理者和领导者提出了新的要求。创新型公司在这个领域走在了前面，它们选择人才不拘一格，范围更加广阔，而且与员工的关系更加灵活多样。企业领导者必须接受并且有效应对这一变革，才能让企业更加敏捷，在与竞争对手的竞争中占得先机。所以，企业越来越意识到利用外部人才可以提升企业的灵活性，也就不足为奇了。

企业获得的益处

我们此前提到的"云人力资源"为敏捷人才转向提供了支持。"云人力资源"与"云计算"都有一个"云"字，这是我们命名时刻意为之的。"云"代表网络上的分布式计算，反映了企业具备相应的能力，可以在大量联网的计算机上同时运行应用程序来提高工作的效率。"云人力资源"反映的是企业通过全球人才网络获取人才的能力，较之传统的雇佣模式，全球人才网络涵盖的技能范围更广，而且性价比更高，人力资源关系更丰富。在我们看来，敏捷人才为企业增加灵活性，提升能力，降低固定成本，还可以帮助企业克服能力错位造成的战略惯性，应对竞争挑战。与传统的外包服务不同的是，利用敏捷人才的公司不会"交出"管理或分析职能，由他人代表公司履行；相反，它们将外部人才嵌入公司更加广泛的关键活动中，比如战略咨询工作，解决实际技术问题，还会让外部人才在合同期内专职参与技术创新。我们的研究（参见"延伸阅读2：论据来源"）表明，由于各种原因，企业正在转向"云人力资源"支持的敏捷人才队伍（见表1-1）。

此外我们还发现，企业提升对外部人才的依赖，是对内部员工的补充，而非取代。我们从图1-3中可以清晰地看出，企业高管普遍认为外部人才是内部人才的补充。

表 1-1　敏捷人才的主要驱动力和益处

驱动力	益　　处
专业知识技能	外部人才可以为公司提供独一无二的专业知识技能，为公司提供内部人才目前无法提供的可靠性、技能和经验
成　本	节约成本通常是选择敏捷人才的目标之一。在外部人才能够提供比公司内部人才更有效的解决方案时，例如，提供成本更低的劳动力或更高效的工作工具和方法，就可以节约成本
获取新技术	寻求外部合作伙伴往往是因为他们掌握了更具创新性或者更前沿的技术。外部人才提供的技术解决方案可能是公司内部人才无法提供的，也可能是公司没有必要进行全面投资的
速　度	与外部人才合作，公司可以更快地让专业人才投入工作，抓住机遇，而不是苦苦等待雇用合适的内部人才，敏捷人才可以迅速提供专业技能
市场行为准则	寻求外部人才可以帮助企业测试市场商机的成本和价值，而无须对专业人才进行深入的固定投资
灵活性	使用敏捷人才增加了企业的灵活性，因为它为企业提供了更多的选择，可以使企业获得所需的专业知识和经验，从而抓住机会，并且在需要专注其他领域时退出此前的人才和技能领域。外部人才还能够使企业在最需要的地方部署关键人才，从而提升专业灵活性

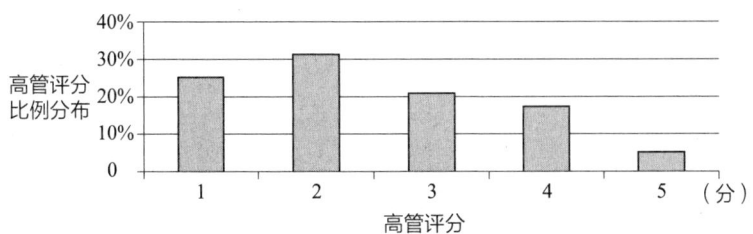

图 1-3　敏捷人才是对内部员工的补充，而非替代

注：RBL 集团对 200 名高管进行了初步调查研究，提出的问题是："外部人才对内部员工来说，起到的是补充作用还是取代作用？"评分为 1~5 分，其中 1 分 = 补充内部工作人员，3 分 = 补充和取代内部工作人员兼而有之，5 分 = 完全取代内部工作人员。

资料来源：RBL 集团 2013 年的研究。

延伸阅读 2

| 论据来源 |

虽然目前有大量着眼于外部人才的相关研究，但是主题都较为笼统，比如"如何利用项目顾问""'专家经济'的兴起""美国及其他国家自由职业者规模正在扩大"，而且没有任何研究聚焦企业应该如何做好准备接纳外部人才，并将其价值和生产力发挥到极致。我们收集的数据主要来自对 200 名企业高管的调查结果。这些高管是从 RBL 集团的数据库中选取的，他们回答了一份简短的调查问卷。对这项试点研究的数据分析虽然还处于初级阶段，但是现阶段的结果已经可以证明，企业及其高管都需要更好地调整自己，才能从对外部人才的投资中赚取最大利益。

RBL 集团支持了两个相关领域的研究，关于敏捷人才的详细数据正是由此而来。

第一个论据来源是 RBL 集团与密歇根大学罗斯商学院（Ross School of Business）的合作研究结果，双方的合作非常有名，它们在全球范围内对人力资源专业能力进行了规模最大、范围最广的研究。这项研究得到的数据对于研究敏捷人才带来的挑战意义深远。人力资源领域的从业者表示，在选择和管理外部人才方面，他们通常不会接到相关的任务，也几乎不会在这方面花费什么时间。人力资源部门在管理内部人才时扮演着重要角色，而现在人力资源部门在管理外部人才方面扮演同样角色的需求也越发迫切。这里需要注意的是，能够将战略能力与企业结构设计、工作设计、人才管理和绩效管理配套,正在成为人力资源从业者一项不可或缺的能力。[6]

第二个论据来源是 RBL 集团的领导力研究,该研究不仅包含 RBL 与怡安集团(Aon Corporation)、《财富》杂志的合作成果(三方对全球名列前茅企业的领袖进行了评估),还包含 RBL 对领导力相关准则的研究成果。[7] 本书随后会提到我们从该研究中获取的数据,并且指出企业的领导者在人力资本开发方面亲力亲为极其重要。领导者需要负责预判和规划企业竞争和成长过程中需要何种人才。在这方面,敏捷人才是企业总体人力资源战略的重要组成部分,然而,企业领导者在这方面的胜任力得分却最低。

我们还调查了使用外部人才的企业越来越多的原因。得到的答案有力地支撑了我们的观点,即成本固然重要,但与提升竞争能力、保证运营和增长相比,成本只能居于次席(见表 1-2)。

表 1-2　企业使用敏捷人才的五大原因

	原　因
1	获得更多的专业人才
2	降低成本
3	避免增加终身员工的数量
4	加快完成工作的速度
5	用外部观点考验企业现有思想和假设

资料来源:RBL 集团 2013 年的研究。

个人求职者获得的益处

众所周知,埃克森美孚公司前董事长李·雷蒙德说过:"如果一项技术对我们很重要,我们就要拥有它。"但是今时已不同往日。埃克森美孚这样的公司正在更多地利用外部人才,新兴劳动力也不再选择效力单一雇主的固定全职工作。莉比·萨廷曾作为人力资源主管供职于西南航空和雅虎,她认为千禧一代更愿意接受"零工"(gig)经济,表现出众、才华横溢的专业技术人士往往对传统职业不太感兴趣,他们更愿意像雇佣兵那样短期受雇,他们永远在追寻下一个酷炫的项目或者创新性的业务。

里德·霍夫曼是领英的创始人之一,他也表达了类似的观点。霍夫曼认为新时代人才关注的并不是工作的终身性,而是工作的趣味性,他引入了"服务期"这个概念。[8] 杰米·古特弗兰德效力于创新艺人经纪公司(Creative Artists Agency)旗下的分公司Intelligence集团,他称现在年轻的专业群体为"风险消费者","他们总是在寻求机会,寻找那些在未来具备较大影响力的行业,并充分发挥自己的作用"。[9]

"云人力资源"无疑带来了双赢的局面。对个人来说,它提供了新的职业选择;对企业的领导者来说,它可以迅速有力地满足企业对于敏捷人才的需求。例如,在美国,要想吸引纽约、伦敦或中国香港的顶级投资管理专家,说服他们迁往美国中西部的地区性银行工作,绝非易事。但是如果通过开放式架构来安排投资管理专家为某家中西部银行的客户提供服务,对企业来说却非常容易。

可以更便捷地获取各种形式的专业知识，意味着许多企业有机会获得或者负担得起它们曾经无法染指的技能。工作不再受限于时间和地点，这无疑创造了独特的机会。比如，思科公司的高管认为，技术的发展创造了从事知识工作的"移动工作"一代。[10]在思科的一次内部调查中，60%的受访者表示未来他们在家工作的频率可能会更高；约40%的受访者认为，移动性让他们在工作方式、工作时间和工作地点方面有更多的选择。

企业如果能够摆脱传统工作场所的限制，就能在吸引和利用外部专家方面占得先机，因为外部专家虽然有地理上的距离，但是仍然可以通过新的通信技术与企业进行远程合作。以普林斯顿大学价值170亿美元的捐赠基金为例，它本质上是一个大型对冲基金。事实上，如果将其归入对冲基金行列，它将跻身世界前25名。管理如此规模的捐赠基金需要基金管理者有能力与外部投资经理在多个领域密切合作。普林斯顿大学虽然地处新泽西州，位置也在郊区，但它的宏观顾问和投资却遍布全球，所以普林斯顿大学捐赠基金负责人的收入远超普林斯顿大学校长便不足为奇了。

挑　战

那么企业面临的挑战是什么呢？随着越来越多的公司寻求通过"云人力资源"来获取和利用敏捷人才，它们会越来越频繁地遇到以下几个主要问题。

关系管理

在管理外部人才时，管理者遇到的困难其实超过我们的预期，情况也确实如此。在最近的一项调查中，信息技术行业50%的企业负责人表示，他们对信息技术服务合作伙伴的表现感到失望，因为一旦签订了合同，之前承诺的高接触和高关注度往往就无法实现。如果合作双方分处不同时区或者存在文化差异，势必会增添更多障碍，关系管理就面临着更加严峻的挑战。况且在大部分情况下，合作双方的基础并不牢固，根本无法长期支撑良好的伙伴关系。所以企业的既定目标变得遥不可及，灵活度也达不到应有的标准。通过合作伙伴这种方式增加或改进服务，成本并未下降，反而上升，而外部专家最终也投奔别家公司，留下了技能空白。这样看来，企业为了维持自己与外部人才之间的关系，总是被搞得精疲力竭，这并不令人意外。例如，对外包业务而言，25%的关系会在两年内破裂，50%会在5年内走向终点。市场营销领域最近的一项研究发现，委托与代理关系的平均寿命从1997年的5年多下降到现在的不到3年。该项研究指出了导致这一结果的多个因素，特别强调了这种关系的破裂是因为客户和外部合作伙伴的流失，他们或者对于客户业务缺乏理解，或者使用的外部人才人手不足或缺乏经验。[11]

是什么导致了上述关系的破裂？决策错误是原因之一。在很多情况下，采购部门负责选择人才，运营部门负责建立和维护关系，而运营部门的职权范围又让他们无法参与人才选择环节。不同部门、不同的决策标准让这种安排越来越复杂，采购部门看重的是最低的价格和固定成本，业务或运营部门则希望得到最好的人才，希望人才与企业有良好的文化契合度，并且在合同中要有足够的灵活度，因为留有余地可以进行用人策略和范围的调整。但同时，外部因素也导致了企业和外部人才之间复杂的关系。例如，美国和其他一些国家的税收制度更侧重全职雇佣关系，因此，许多企业只能对外部人才敬而远之，从而避免可能的法律问题和罚款。

内外竞争

外部人才能给公司带来巨大收益，但同样也会威胁到公司内部的管理人员和专业技术人员。如果外部人才能够帮助公司进行战略决策，接受过高水平的培训，且拥有公司内部人员所没有的专业能力，那么他们对于内部人才的威胁就更大。盖洛普的调查表明，内部员工的敬业度会因为外部人才的出现而普遍下降。[12]在公司利用外部人才的时候，公司内部员工会感到自身受到威胁。公司的长期员工会怀疑外部人才能否真心实意地保障公司的最大利益，而内外部人才的文化冲突也是潜在的问题。

外部人才确实会带来问题。有家公司的新任首席执行官希望我们的一位同事，同样也是一位项目顾问，能够帮助他们公司的人力资源主管及其团队，使其人力资源部门在公司业务中发挥更大作用。这位人力资源主管管理能力较强，但是缺乏战略眼光。我们的项目顾问并没有认真考虑人力资源主管所处的微妙位置（比如，"人力资源主管和我能建立良好的关系吗？"），而是直接与管理团队的成员讨论人力资源工作需要如何改进。这位项目顾问非但没有协助人力资源主管工作，反而在不经意间暴露了人力资源主管的能力短板，所以那家公司的情况只会变得更糟。从这个案例中我们可以明确一点，内部人才与外部人才必须通力合作，而不是各自为战，甚至相互竞争。

期望错位

公司内部人才会感到来自外部人才的威胁，外部人才也有自己的考虑，他们可能会认为自己服务的企业反应速度太慢，官僚气息太重，内部事务太杂。同样，企业也会觉得外部人员对企业情况一无所知，不愿意或者不能够深入地了解企业面临的问题。双方这样的态度无疑为失败埋下了伏笔。

为了更好地了解内外部人才对对方的态度，"延伸阅读 2：论据来源"中提及了相关的初步研究，该研究也同时要求内部高管和外部人才提供具体的案例。我们向企业高管提出的问题是："在与外部人才合作时，内部员工会有抱怨，能否列举最典型的两三个案例？"对于外部项目顾问，我们的问题是："在与企业的合作中，你最不满意的地方有哪些，可否列举两三个案例？"表 1–3 列出了内部管理人员和外部人才对对方的不满之处。

硕果难结

使用外部人才遇到的第四个问题是难以实现预期结果。麦肯锡最近的一项全球性调查表明，在受访高管中，仅有 26% 的高管

表1-3 内部高管与外部人才对委托与代理关系不满的典型案例

内部高管对外部人才的担忧	外部人才的抱怨
·难以找到与企业文化相契合的外部人才 ·外部人才对企业本身或企业业务了解不足，难堪重用 ·外部人才做事方式不够具体 ·外部人才缺乏对企业的忠诚度 ·外部人才通常只是通过文件了解情况，或者仅仅是按照"程序"操作运行，而不是设身处地地了解企业的具体问题并提出有针对性的解决方案	·企业决策过于迟缓 ·企业过于庞杂笨重 ·企业内部员工工作不够努力 ·难以接近高层领导 ·对于外部人才参与的项目，企业领导的认可和支持度普遍不足或者不够持久

认为关键性的变革举措确实有利于企业长期发展。[13] 然而鉴于此类举措几乎都与外部人才的参与密不可分，变革举措未能达到高管预期，原因之一无疑是企业在选择、使用和管理外部人才，以及处理内外部合作关系方面出现了问题。IBM公司的一项研究报告表明，在所有变革项目中，只有40%的项目能够按照预定时间完成，不超支且达到预期成效，而没有达到预期的症结就在于公司内部人才和外部人才之间无法形成团队合力。[14] 经济学人智库的研究也表明，外部人才和内部人员同时参与的变革项目，仅有37%可以带来实质性的收益。[15] 英国政府部门极其依赖外部人才，其就业及退休保障部的项目和系统交付主管向《卫报》透露，"我们的各个项目和计划成功率仅为30%"。[16] 或许另一项数据更令人担忧：麦肯锡的一项研究表明，在其研究的外部人才参与的大型信息技术项目中，接近20%的项目举步维艰，甚至威胁到企业的生存。[17]

解决之道

上述问题的存在归根结底在于长期以来企业一直认为外部人才独立于企业，低人一等，大部分管理者也从来没有想过像对待内部员工一样平等地对待外部人才。雇用外部敏捷人才是短期的权宜之计，只是用来完成特定的任务——这种思维观念必须彻底根除，因为公司现在需要依赖此类敏捷人才来提升战略能力。正是"独立于企业，低人一等"的想法，导致外部敏捷人才参与的项目进展不顺。

我们认为，管理者需要从根本上改变他们对外部人才群体的看法，即他们应该像对待内部员工一样对待外部人才，虽然这些外部人才独立于企业，但是地位平等。我们发现部分企业克服了上述4种问题，充分发挥敏捷人才的作用，这些企业的管理手段都非常有效，能够提升外部人才的敬业度，激励外部人才，并推动外部人才与企业内部员工形成团结的团队。与全职员工一样，外部人才也希望从事有意义的工作，希望能够提高能力和拥有更多机会，希望能够受到尊重、信任和接纳，希望能够被视为团队中的一员，希望能够就自己工作中的相关问题与企业内部人员进行持续沟通，也希望自己的贡献和努力能够得到公平的奖励和认可。然而，外部人才却经常感觉到，与自己共事的内部员工对他们只是抱着容忍的态度，有时甚至对他们充满怀疑；他们也得不到管理层的赏识，在面对合作企业的官僚作风时又无能为力。

在和公司领导者的访谈中，当涉及对待和管理外部人才存在的问题时，我们注意到许多高管最初并不认为有必要处理。企业在组织、管理和文化方面需要进行调整，才能为外部人才提供良好体验，让他们保持高效，然而这些领导者通常不知道他们的企业在这方面的具体细节。在我们的讨论中，大多数高管承认，这可能会传达出模棱两可的信号，影响外部人员的效率与投入。一位物流公司高管在接受访谈时告诉我们：

> 我们知道应该如何管理公司的内部人员。从理性来讲，我们非常希望与外部人才建立真正的伙伴关系并从中受益，但事实上，我们通常仅仅将他们视为工具，并且认为我们之间的关系本质上是一种交易，一种有偿服务，所以经常会出现延期付款或者忽视外部人才的存在等情况。令人尴尬的是，当我们与客户合作时，情况正好相反。如果客户把我们视为工具，我们会强烈地希望客户视我们为伙伴。显然，我们应该从中吸取教训，因为如果我们感到自己与客户之间是伙伴关系，最后收获更多利益的恰恰是客户。我们在利用外部人才方面也应该如此！

值得庆幸的是，想要从对外部人才的投资中获得最大回报，你需要的方案就在眼前：正如前面提到的物流公司高管暗示的那样，管理传统的内部员工，在实际操作中我们已经掌握了许多有效的方法，现在我们需要将这些方法应用在管理新出现的并且不断增多的敏捷人才身上。但是，即便这样，我们也需要对管理方法做出调整。本书将告诉你如何进行调整并付诸实践。

敏捷人才的不同之处

目前有很多图书和其他出版物不仅指出了企业日趋依赖于自己与外部人才之间的关系，而且指出了敏捷人才的潜在好处。伊夫·多兹和加里·哈梅尔的著作描述了创新型公司如何更好地利用与外部人才结成的联盟，在书中他们明确地阐述了"通过合作创造价值的艺术"。[18] 凯瑟琳·哈里根给出了合资企业中的最佳实践。[19] 玛莎·米诺和乔迪·弗里曼曾在哈佛法学院主持过一次重要会议，解释美国联邦政府在外包业务方面的实践和重要影响。正是这次会议最终促成了米诺和弗里曼的著作《合同政府：外包和美国民主》(*Government by Contract: Outsourcing and American Democracy*)。[20] 当然，包括《经济学人》《快公司》《纽约时报》在内的刊物都曾刊文关注企业越来越多地使用兼职者、合同工和咨询人才，以此作为扩充自身员工队伍的有效手段。[21]

虽然已经有许多文献记录了多种新型雇佣关系的兴起，但每当涉及如何创造条件从而最大限度地提高敏捷人才的敬业度、绩效和最终贡献时，这些文献就普遍含糊不清。迄今为止，很少有人关注如何最大限度地利用外部人才。现在越来越多的团队是由内部员工和不属于传统雇佣关系的人才组成，但关注如何管理这种团队的文献却极其少见。本书将填补企业这方面管理能力的空白。另外，此前的文献在讨论如何有效使用敏捷人才时存在缺失的环节，我们相信本书的出现恰恰补充了这个环节。

TEKsystems是信息技术领域猎头公司的领头羊，该公司的研究报告称，虽然年轻工程师和计算机科学家越来越热衷于选择短期合同工作，而不是全职工作，但"受雇的项目顾问会觉得他们更像是商品，而不是才华横溢的员工"。[22]企业制定相关战略，成功使用创新型人才，显然具有巨大的收益前景，其实高管和外部人才对这一点都心知肚明，我们收集的数据也证明了企业能够受益匪浅，但前提是这些战略必须被正确实施。这意味着企业对待外部人才的态度与方式要有别于其他已使用的方式。

如何充分发挥敏捷人才的作用

敏捷人才是否能充分发挥作用取决于4个因素，也就是说，企业为了充分利用敏捷人才，需要在4个方面做出有针对性的调整。

战略调整

企业是否有相关制度，制度是否足够严谨，能够辨别在哪些领域需要敏捷人才和云人力资源，在哪些领域敏捷人才和云人力资源能够为企业带来收益？企业是否能够确定自己需要提升哪些关键能力？和雇员的关系是否经过深思熟虑？项目顾问（consultant）、宏观顾问（adviser）[①]或者临时技术专家可以帮助企

[①] adviser与consultant在国内都译为咨询师或者顾问，前者在大部分情况下提供战略性的远景咨询或者顾问服务，而后者主要针对特定项目提供专业性的咨询或者顾问服务。——译者注

第一章　使用敏捷人才，获取竞争优势：趋势、机遇和挑战

业制订计划，做出决策，企业是否能准确地确定这些计划或者决策的定位、影响和覆盖范围？该项工作是否得到企业应有的支持？要想工作获得成功，企业选取的时机是否正确，提供的预算是否适当，提供的人力资源是否充足？

绩效调整

企业如何将计划或提议转化为清晰明确且符合 SMART 原则[①]的目标和时间表？企业是否明确了绩效定义、设置了绩效期望，并就此与外部人才进行了沟通？多久进行一次绩效评估并提供相关的反馈？绩效评估中使用怎样的标准，标准是否合理？如果出现与绩效相关的问题，企业如何迅速有效地采取必要的行动？

关系调整

在考虑选择外部人才时，文化契合度和技术专长占有怎样的比重？是突然将任务扔给毫无头绪的外部人才，还是向他们详尽地介绍了企业本身和即将与他们共事的同事？内部员工和外部人才之间的问题如何解决？外部人才是否得到了应有的关心和尊重？

行政调整

企业是已经准备妥当，能够与外部人才通力合作，还是目前

[①] SMART 原则，即 specific（具体的）、measurable（可衡量的）、attainable（可达到的）、relevant（相关性的）和 time-bound（有时限的）五个单词英文首字母的缩写，该目标管理原则有利于管理者清晰考核目标，员工明确工作标准，使考核更加科学化、规范化、公平化。——编者注

仍不能给予外部人才应有的待遇？企业在与敏捷人才的接触中是否官僚气过重？是否与外部人才就相关的规章制度和程序流程进行了适当的沟通？是否按时向外部人才支付酬劳？企业如何定位外部人才，是万般无奈地勉强接受还是发自内心地真诚欢迎？

阅读本书的收获

在这本书中，我们探讨了在外部敏捷人才转向中应该具备的必要条件。企业及其领导者如果希望外部人才和服务合作伙伴的投资能够持续创造价值，那么阅读本书可以了解达到这一目的应该做好哪些工作。确切地说，这就是一本指南，它帮助领导者更好地管理和吸纳外部专家并提高他们为企业工作的效率。如果企业能够最大限度地利用敏捷人才，那么就能不断降低成本，并且在竞争中占得先机。企业也会更加灵活，可以迅速应时而动、顺势而变，并且接触到更多的优秀外部人才。

要最大限度地发挥外部人才的作用，就需要在评估自身需求、接纳外部人才、开发外部人才等各个环节进行周密设计并保证它们最终落地实施。我们为高管准备了实用而详尽的战略决策路线图，它包括为了充分利用云人力资源和敏捷人才，领导者需要做什么，以及开展工作的对象是谁。我们列出了具体的实施步骤：一是发现机遇；二是优化具体的人才资源战略；三是对企业做出调整，选择正确的组织结构，做出合理安排，发挥云人力资源和敏捷人才的作用；四是引领变革（见图1-4）。

延伸阅读 3

| 你的企业针对敏捷人才调整得如何 |

我们将从战略、绩效、关系和行政 4 个需要调整的关键领域对你的企业进行测评，在测评表 1-1 的 4 个问题中选择你认为最贴近自己企业情况的一项。

你的企业在这 4 个领域的表现很大程度上决定了企业能否充分发挥敏捷人才的作用并从中受益，进而提升企业的反应速度、灵活程度以及获取外部观点和人才的能力。如果分数较高（6 分或者 7 分），只要你的评分准确无误，那么我们认为你的企业在使用敏捷人才方面的做法应该继续保持并且不断巩固，企业目前的调整已经为充分利用敏捷人才、创造真正的价值打下了坚实的基础。如果分数居中（3~5 分），那么你需要给予重视：目前你的企业进行的调整是否能够满足企业现在和未来对于使用敏捷人才的要求？如果分数较低（低于 3 分），这表明如果你的企业想要与外部人才进行有效合作，可能需要改进。

如果想对使用敏捷人才的准备情况进行更严格、更详尽的评估，请参阅本书附录，附录中介绍了我们称为"敏捷人才效能商"（EQ）的评估方法。这个测评虽然简短，但可以帮助你了解企业需要采取哪些措施，在吸引和利用顶级外部人才方面提升自身声誉和效率。读者如果感兴趣，本测评更详尽的版本可在"敏捷人才协作组织"网站（agiletalentcollaborative.com）上免费获取。本书的附录中有更多关于"敏捷人才协作组织"的信息。

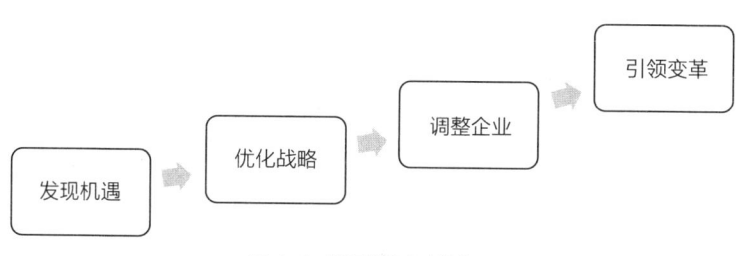

发现机遇 → 优化战略 → 调整企业 → 引领变革

图 1-4　发挥敏捷人才的作用

对于企业内或者业务部门内负责管理敏捷人才的中层管理者，本书也提供了详尽指导，例如如何从云端提供的人才中做出明智选择，如何创造良好的工作环境，鼓励内外部人才高效合作，促进外部专家充分发挥作用。

| 测评表 1-1　针对敏捷人才，你的企业是否已经做好了调整？ |

从上述 4 个需要调整的关键领域对你的企业进行测评，在下列 4 个选项中选择你认为最贴近自己企业情况的一项。

1. 针对敏捷人才，你的企业是否做好了战略调整？敏捷人才是否与公司战略紧密联系？制定的目标是否清晰现实？高管是否给予了应有的支持？是否获得了所需的资源？请评分。

   1　2　3　4　5　6　7
   始终欠缺　　　　兼而有之　　　　始终很好

2. 针对敏捷人才，你的企业是否做好了绩效调整？绩效指标是否符合 SMART 原则？绩效期限是否现实合理？绩效标准是否明确清晰？考核是否纪律严明、严谨细致？是否有持续跟进的反馈意见？请评分。

   1   2   3   4   5   6   7
   始终欠缺   兼而有之   始终很好

3. 针对敏捷人才，你的企业是否做好了关系调整？是否注重文化契合度？是否有良好的初始情况介绍？是否有较高的参与度和包容度？是否有清晰的问题解决流程？请评分。

   1   2   3   4   5   6   7
   始终欠缺   兼而有之   始终很好

4. 针对敏捷人才，你的企业是否做好了行政调整？是否善待外部人才？是否努力避免官僚化的办事流程？是否按时支付酬劳？是否公平地解决出现的问题？请评分。

   1   2   3   4   5   6   7
   始终欠缺   兼而有之   始终很好

| 小　结 |　本书第二章和第三章侧重于该路线图的前两个要素，即发现机遇和优化具体的人才资源战略。我们给出了完成这两个任务的总体框架和方法。

从第四章开始，我们将重点分析路线图的第三个要素，即调整企业结构，讲述优秀的领导者怎样调整自己的企业，以及如何与外部人才建立伙伴关系。在第四章，我们讨论了青年才俊到底希望从职业生涯中以及从他们的雇主和客户那里得到什么。第四章指明了把敏捷人才引入企业的最佳方法，并展示了睿智的领导者怎样利用外部人才，推动企业走向成功。

第五章着眼于成功的企业如何合理地为外部专家设计工作，为了确保外部专家充分发挥作用，他们应该具备哪些至关重要的胜任力。

第六章和第七章重点介绍在利用敏捷人才方面走在前面的公司是如何鼓励内外部人员建立同事和伙伴关系的，以及如何以最佳方式激励和吸引外部人才，从而最大限度地发挥他们的作用。这两章探讨的内容还包括，如果企业欣然接纳新型的人才组合，即内部人才和被称为敏捷人才的外部专家形成的组合，那么企业领导者在建设这样的企业时应该扮演怎样的角色，又应该承担怎样的责任。

第八章和第九章聚焦我们路线图的最后一个要素，即引领变革。第八章概述了企业需要做出的战略变革，包括有效地管理敏捷人才、实施云人力资源和保证企业人才战略的可持续性。第九章从更广阔的视角考虑了敏捷人才、云人力资源和企业的未来。

第二章

发现机遇:
评估敏捷人才对企业的价值

阿布扎比投资局（ADIA）是全球最大的主权财富基金之一，其对敏捷人才的使用颇具战略性和创新性，是值得其他企业学习的极好案例。截至2014年，阿联酋本地员工在阿布扎比投资局员工总数中所占比例不到1/3，其余员工则是来自不同领域、不同国家的外部专家。阿布扎比投资局旗下不仅有全职项目顾问、宏观顾问、外派人员等各类员工，还有众多企业联盟和合资企业，它们既注重投资业绩又关注阿联酋的下一代投资、贸易和职能辅助领域专业人才的发展。

自创立伊始，阿布扎比投资局的高管就非常清楚，必须与外部人才和外部伙伴通力合作，企业才能成功。所谓外部人才和外部伙伴，包括在阿布扎比投资局工作的金融专家，当然还有外部合作伙伴，而阿布扎比投资局与外部合作伙伴的关系更具创新性。例如，阿布扎比投资局会向高盛等公司"借出"潜力大、年纪轻的阿联酋籍专业人才，还会派遣代表团参加各种会议，参与各种组织，寻求商业方法的创新，然后将方案带回阿布扎比投资局。

当然，通过使用外部专家，获取内部人才所不具备的专业知识，并不是阿布扎比投资局的专利，许多其他企业也会采取类似的做法。本书之前也提到过使用外部人才的五大理由，其中就包括获取外部人才的专业知识技能，提高企业的工作效率，以及挑战传统思维和突破传统设想。

阿布扎比投资局的案例给我们提供了一个有效利用敏捷人才的模式：首先要评估企业的优势和需求，然后针对我们称为"企业能力差距"的问题，确定如何利用敏捷人才来弥合。就像在伦敦地铁中，广播会提醒乘客注意车厢与站台的缝隙，企业的领导者及其麾下的人力资源管理团队必须清晰地分析企业所具备的能力和所欠缺的能力，以确定能力差距，这样才能保证企业战略的有力实施。缩小差距首先要从人才开始，但也需要企业自我调整，改变工作制度、领导风格、领导技能和企业文化。

战略性企业能力

我们曾经与诸多政府机构和私营企业合作，我们发现，简单的框架反而最便于管理者管理团队，审视企业优势，为企业找到需要改进的地方，以及定位敏捷人才在企业中的角色。要想搞清楚企业在哪些方面可以获利，在哪些方面受到限制，出发点就是确定战略性企业能力。

企业能力描述了企业实现目标所需的关键战略技能和运营技能。人们经常将企业能力（capability）和胜任力（competence）这两个术语画等号，我们认为这是不准确的。胜任力指的是个人能力，也就是个人的专长。相比之下，企业能力指的是企业层面的专业能力，例如，丰田的高效、谷歌的创新和壳牌的可持续发展。能力当然包含了个人胜任力，但企业能力的本质反映的是为了创造优异业绩，企业在体制结构、资源设备、资金实力和领导力方面的水平。纽约洋基队著名的经理凯西·施腾格尔曾经说过，一个聪明的经理会避免在球员出场的路上拦下他们。他指出，个人胜任力是持续出色发挥的必要条件，但不是充分条件。诺姆·斯莫尔伍德有幸与戴维·尤里奇合作，一起在《哈佛商业评论》上发表了题为《善用公司能力》的文章，文中指出战略能力将个人与企业效能统一起来。[1]

简而言之，当一家公司能够将技术、人际胜任力和公司的体系、结构还有工作方式整合起来时，这家公司就具备了属于自己的企业能力。显然，最理想的企业不仅高效且专注，而且各项能力与其战略相匹配。企业能力需要企业在系统组织、决策制定、企业运营、相关奖励、持续领导力和行为强化等方面建立一个界定清晰、实施有力的体系。企业能力是投资、专业人才和执行力组成的综合体系，它针对企业如何服务客户和挑战竞争对手，而企业管理层需要形成共同的观点与看法。可见，企业能力其实就深植于管理层的观点与看法之中。

关键技术胜任力是企业能力的重要组成部分，阿布扎比投资局和其他企业使用敏捷人才来补充这种胜任力。例如，阿布扎比投资局要想获取丰厚的利润和有效地管理投资风险，投资分析能力显然是不可或缺的。企业需要清晰地识别和实施成功所需要的企业能力，只有这样才能不断达成企业目标，才能确定哪些领域需要敏捷人才的帮助。

在《善用公司能力》一文中，尤里奇和斯莫尔伍德提出了11个典型的能力领域。[2] 我们邀请你对自己的企业进行评估，以此确定现在和未来企业在战略层面表现优异所依赖的关键能力。表2-1列出了其中一些重要的企业能力。

表 2-1　典型的企业能力

企业能力	对应描述
领导力	所有层级的领导都需要增强大家对未来的信心
战略统一	促进全公司从文化层面重视公司战略，认可公司战略，并为公司战略而奋斗
客户连接	与目标客户建立牢固持久的信任关系
企业社会责任	在本行业及所在社区树立可持续发展、热衷慈善、促进就业的口碑
共同的心态	确保客户和员工对公司有正面、积极的认识，与公司的自我认知保持一致
协作	向公司外部寻求合作，确保影响力与效率
学习	孕育、应用和推广具有影响力的想法
创新	在商业层面，推出成功的新产品、新服务和新的工作方式
人才	吸引、激励、培养并且留住有才华且忠于企业的员工
速度	迅速做出重要的改变
效率	在不损害核心业务的情况下降低业务活动的成本
责任机制	企业制定和实施的标准需要保证企业的高绩效和高执行力
伙伴关系	与行业内其他公司建立有效的合作关系和双赢的工作关系
风险	评估、评价和管控风险

确认能力和缩小差距

作为财富基金，阿布扎比投资局的职能之一是负责阿拉伯联合酋长国未来经济的可持续发展，除此之外，该机构还是阿拉伯联合酋长国社会目标的重要承担者。阿布扎比投资局的领导层认为有三种战略性企业能力对于提升企业竞争力至关重要：

- **谨慎创新**：注重基金增长的同时，高度重视对风险的管理，并保持两者的平衡。
- **有效合作**：通过与同事和外部专家合作并向他们学习，争取丰厚回报。
- **严格执行**：确保企业的目标和战略能力落地实施。

阿布扎比投资局对于能力的选择可能与挪威或者马来西亚主权财富基金的选择相似，但也不一定必须如此。它对能力的选择也不必一定要与其他大型投资或养老基金类似。企业在选择战略性企业能力时做出的决定对每个企业来说都是独一无二的，因为它取决于企业的愿景、战略、文化和竞争的性质。

那么阿布扎比投资局眼下是不是必须在上述三种能力上均匀发力，补充内部人才呢？当然不是。相反，阿布扎比投资局或者其他任何机构必须首先确定哪些因素能够推动各项能力的提升，然后根据这些因素，制订旨在提升能力的人力资源计划。因此，阿布扎比投资局及其他企业才会在各种技术和商业领域寻求外部合作伙伴或者外部人才。

阿布扎比投资局另外一个值得学习的做法是通过加速提升领

导者的素质来发展企业能力的各个领域。这样的做法意义深远，因为它不仅反映了全球金融市场对企业领导者的严苛要求，还能培养国家领导人，在将来管理和引领阿布扎比乃至整个阿拉伯联合酋长国。

阿布扎比投资局多位一体的企业领导者培养战略包含如下重要措施：

- 潜在领导力评价；
- 职业规划；
- 继任管理；
- 领导力学院；
- 导师制度；
- 360度全方位意见回馈和指导；
- 借调（临时在合作伙伴的企业中承担任务）和其他自我提升的任务；
- 教育机会。

在这些措施中，有一部分需要内部专业人员和管理人员的参与，例如，在继任管理领域，阿布扎比投资局的领导层认为全职管理人员的参与至关重要。在其他方面，比如阿布扎比投资局通过领导力学院进行规范的领导力培训，就需要与RBL集团、哈佛商学院和欧洲工商管理学院这些重要的合作伙伴建立关系。许多企业都会专门聘请外部专家进行领导力培训，之所以阿布扎比投资局在敏捷人才使用方面值得学习借鉴，其一是它的管理层对提升领导力给予了积极有力的支持，其二是它认真严格地挑选合作伙伴，其三是它建立了高质量的长期合作关系，其四是它用一系列活动构筑了领导力发展体系。

阿布扎比投资局管理层进行分析时，具体遵循如下步骤：

- 确认现在和未来获得成功所需具备的能力；
- 制订旨在提升能力的人力资源计划，包括评估目前的能力和改进需求；
- 明确哪些领域的外部人才相较其他替代性人才在时间、成本和专业知识方面更具优势，并在这些领域提供具有吸引力的机会；
- 主动预估需要权衡的问题、可能遇到的风险和其他潜在问题，并采取必要的行动。

第一步：确认现在和未来获得成功所需具备的能力

第一步的结果是显而易见的：企业领导者确定哪些能力对企业的战略和目标至关重要。在某些公司，关键能力不言自明，比如在高端连锁百货诺德斯特龙（Nordstrom），关键能力是连接客户；在三星，关键能力是创新；在丰田，关键能力是效率；在摩根士丹利，关键能力则是人才。就我们的经验来看，由外而内的方式最为奏效，因为从投资者和客户的角度出发，可以了解哪些能力可以发挥作用，从而充分满足这些利益相关方的期望。一个比较简单的方式是，向身居要职的管理者（内部）和这些利益相关方（外部）征询三个问题的答案，这三个问题分别是：

- 从你的经验来看，我们的这些能力处于什么水平？

- 你认为企业的哪两种或者三种能力必须达到业界顶尖，才能让企业达到当前和远期的业绩期望？
- 你认为企业的能力需求在未来3~5年内如何调整，才能跟上行业、竞争对手和客户的发展步伐？

通常情况下，测评表2-1可以帮助你比较自己企业的能力与竞争对手的能力。当企业领导者将自己的企业与竞争对手进行比较时，我们鼓励领导者设定较高的标准，并且接受测评的领导者也应该给投资者和客户发放相同的测评表。丹马士物流（Damco）是马士基集团旗下的物流公司，该公司销售部门的领导在谈及公司创新能力的时候，通常会给自己的企业打出较高的分数。然而，在要求比较丹马士和其竞争对手的时候，他们只给自己打出中等的分数。

第二步：制订旨在提升能力的人力资源计划

第二步是确认共同构成企业能力的关键技术性技能和实际应用性技能。要把企业能力视为技术技能和实用技能的集合。企业的体制和文化让企业能力得以实现，企业能力也不断因为企业体制和文化而得以强化。以阿布扎比投资局提升领导力为例，为了让领导者的领导力达到目标要求，阿布扎比投资局进行了一系列活动，这些活动不仅限于挑选未来的领导者和对他们进行培训，还为领导者悉心选择职业经历和设置发展挑战，此外，还有指导、反馈、工作再规划以及其他活动作为支持。

阿布扎比投资局或者其他任何企业在制订自己的能力计划时，

| 测评表 2-1　确认现在和未来获得成功所需具备的能力 |

在第一列中，对各项目用 1~5 进行评分，其中"1 = 比竞争对手要差""3 = 与竞争对手相当""5 = 明显优于竞争对手"；然后选择现在和未来获得成功最需要的两种或三种能力。

能力	与竞争对手对比分数	现在最需要的两种或三种能力	未来最需要的两种或三种能力
领导力			
战略统一			
连接客户			
企业社会责任			
协作			
学习			
创新			
人才			
速度			
效率			
责任机制			
伙伴关系			
风险			

必须将自己当前的胜任力水平与企业能力需要达到的胜任力水平进行比较，要考虑目前的胜任力水平是否足够。

从某些方面来看，我们认为这一步类似于美国和欧洲银行使用的压力测试。这些银行使用压力测试来确定自己持有的金融资本是否足以应对预期的和意外的危机。同样，胜任力与人力资源计划主要考虑的问题是企业是否已经拥有足够的知识资本和人力资本。

表 2-2 展现了胜任力与人力资源计划的简明框架，它使用了阿布扎比投资局认为自己应该具有的相关能力。如表 2-2 所示，阿布扎比投资局的领导者确认了诸多技术技能和实用技能，这些技能对于实现战略性企业能力是非常重要的，同时他们还将继任规划和绩效评估确定为需要内部人才的领域，而领导力培训和指导则是目前遇到瓶颈和需要改进的领域。

表 2-2 评估旨在提升能力的人力资源计划
（以阿布扎比投资局为例）

能力	愿景	关键技术技能需求	吸引敏捷人才的潜在领域	潜在的问题和风险
谨慎创新	在新的投资选择方面做出更好的决策，提升公司业绩，服务国家发展	拥有所需的技术和组织技能，保证既定计划、创新投资和能力决策有效落实	• 长期投资项目的选择； • 和关键增长领域引领创新的企业建立伙伴关系； • 实施阶段的战略支持	• 合作伙伴选择； • 合作伙伴关系的有效性； • 合作伙伴是否与阿布扎比投资局的文化与战略目标契合

（续表）

能力	愿景	关键技术技能需求	吸引敏捷人才的潜在领域	潜在的问题和风险
有效协作	阿布扎比投资局各单位内部及其与外部资源之间紧密协作	在团队合作、相互协作和信息共享方面，无论是领导者还是专业人才都具有出色的技能，而且企业有相关完善的组织结构规范他们的活动	• 领导力培训； • 指导； • 工作设计和组织设计方面的咨询支持	调整企业的优先事务和经营活动，与公司的战略目标及公司文化保持一致
严格执行	阿布扎比投资局拥有充足的人才、卓越的领导力和完善的机构组织来满足甚至超越其目标	领导者具有构建、实施和持续提升企业绩效所需的技能	• 战略和运营支持； • 缩小愿景与绩效差距	满足企业关键资源和进行调整的需求，通过资源调度提供支持

啤酒巨头摩森康胜（Molson Coors）也进行过类似的企业能力和胜任力分析。虽然该公司在以客户为中心和产品创新方面居于世界一流水平，但其人力资源主管进行了内部评估。他发现，目前企业收购在实现增长中扮演的角色越来越重要，而公司目前在实现有效并购方面存在能力上的短板。对酿酒企业来说，虽然从历史上看企业整合并非竞争的决定性因素，但一直是该行业市场份额和产量增长的根本驱动力。较之百威英博（InBev）、南非米勒（SAB）、喜力和嘉士伯等竞争对手，摩森康胜在并购技能的深度方面确实储备不足。由于缺乏相关的人才和技能，该企业通过

收购获取增长和成功收购其他企业的渠道一直不畅。因此，摩森康胜正努力提升这方面的能力。

第三步：明确哪些领域的外部人才能够带来收益

评估企业能力的第三步侧重于确定哪些技术技能或者实用技能适合使用外部人才，而非全职员工。你可以通过回答下面的问题来进行评估：

- 我们为什么要选择外部人才而非全职员工？
- 外部人才可以从哪方面为企业带来巨大收益？是采取战略措施的响应时间（例如，我们可以更快地推出新产品）、成本（例如，我们可以降低新工厂设计的成本）、质量（例如，我们可以做出更好的产品）还是竞争挑战（例如，我们可以避免竞争陷阱）？
- 我们所需的该项技能是可持续性的还是只是暂时性的？
- 我们在向外部合作伙伴学习的过程中，如何确保学习所得能够内化为我们的能力？

阿布扎比投资局将领导力培训和指导确定为外部专业人才可以提供帮助的领域，原因有很多。与哈佛商学院和欧洲工商管理学院建立合作伙伴关系，使得阿布扎比投资局获得的专业知识不仅覆盖范围广，而且水平更是世界一流。如果不是这种合作伙伴关系，阿布扎比投资局很难有机会接触到这个层次的专业人才，即便有机会，所需成本也会异常高昂。同时，外部敏捷人才也带来了最新的信息，介绍了金融业内外部环境的最佳实践案例。比如，与 RBL 集团的合作让阿布扎比投资局可以利用 RBL 的全球关系网络，进行人力资源和领导能力建设。此外，从财务角度考虑使用敏捷人才也是合乎情理的，因为领导力培训和指导可以由兼职人员提供，同时培训与指导架构设计既能节约成本，又能保证效果。

表 2-2 的第四列列出了使用敏捷人才能够带来潜在收益的领域。因此，阿布扎比投资局评估自身能力是通过对能力进行分析，确定每种企业能力未来的需求。如果企业能力是"分子"，那么关键技术技能就是"原子"，所以必须明确需要哪些关键技术技能，另外还必须明晰敏捷人才以何种具体方式提升阿布扎比投资局的战略绩效准备。

第四步：主动预估需要权衡的问题、可能遇到的风险和其他潜在问题，并采取必要的行动

评估能力与人力资源计划的第四个关键步骤是确定必须具备哪些条件才能实现敏捷人才人力资源战略的目标。可以考虑构建一个简单的评估体系来评估成功使用云人力资源的可能性。我们之前说过，企业实现自身的敏捷人才目标，让企业如润滑良好的机器般顺畅运转，有 4 个决定性因素：

- 战略调整；
- 绩效调整；
- 关系调整；
- 行政调整。

如果企业进行的调整不到位，必然会带来相应的问题，测评表 2-2 能够帮助领导者预见这些问题。

| 测评表 2-2　企业调整可能存在问题的 4 个方面 |

需要进行调整的方面	潜在问题	如果得不到解决，可能造成的影响
战略方面		
绩效方面		
关系方面		
行政方面		

阿布扎比投资局的案例为我们提供了一个值得借鉴的视角，公司领导者将协作确定为一项关键的企业能力。企业的目标是加强从事不同专业和管理不同资产的专业人才之间的合作，还要加强内部员工和根据项目需求临时聘用的外部专家之间的团队合作。为了更好地促进协作和准确把握企业发展中的机会，阿布扎比投资局引入了企业发展项目顾问。事实证明，这笔投资物有所值。随后，阿布扎比投资局按照项目需求聘请了数名高级项目顾问。在使用外部人才时，投资局的领导掌控节奏，行动谨慎，注重自

己的管理人员和其他专业人才的需求，并获得他们的支持。一旦领导者获得了管理人员和专业人才的支持，阿布扎比投资局团队的人员构成也更加多样，外部人才和内部人才共同制订问题的解决方案，引入外部人才的好处也变得显而易见。

打开一扇门之后，又会面对另一扇门，很多事情都是如此。在确定了全球市场竞争和取胜所需的能力之后，公司或者机构现在必须设计或者策划对应的解决方案。企业的组织结构、企业与各方的关系、领导力、企业文化和工作流程，决定了企业是否能在运营中通过使用敏捷人才获得长期实际收益。例如，工作安排和企业的能力需求如何相互匹配？绩效管理是否做出了足够的调整？企业文化是否能够支持和强化内部员工和外部专家之间的有效协作？正如开市客的首任首席执行官吉姆·西内格所言："文化不是企业的头等大事，而是企业的全部。"据报道，彼得·德鲁克说过一句名言："文化远远胜过战略。"显然，企业战略、支撑战略的技术人才和企业文化彼此不可替代，都非常重要。如果企业缺乏合理的组织结构、优秀的工作体系或者没能贯彻良好的企业文化价值观，那么企业针对敏捷人才的调整就很难实现，敏捷人才带来切实效益的概率也会降低。

能力架构

企业不可能在各方面都处于领先位置，也没有必要如此。只要我们留意一下品牌专家或者人力资源主管的工作，便可发现卓越的品牌或者领导者只需要在少数几个方面表现突出即可，在其他方面可以居于中游水平。这种思路同时也决定了哪种能力对企业在竞争中获胜能起到关键作用。这种思路就是通过提升能力进行竞争。

虽然企业能力听起来似乎是密不可分的整体，但其实它包含几个组成部分：

- **共同的价值观**：某项企业能力涉及的人员是否理解并且真切感受到企业的愿景？是否知道为什么这项能力如此重要？团队是否具有核心理念，团队成员可以相互讲述，并且这些理念可以影响团队制订计划和对外沟通？
- **战略目标**：每个人是否知道自己需要完成什么任务，何时完成？企业员工是否知道如果不能履行义务，后果如何？所有人是否完全了解具体目标，是否定期与他人进行沟通，从而加强大家对目标的了解？每位员工是否知道自己的角色，以及该角色对其他人工作和全局工作的影响？每个人对于实现企业愿景是否有清晰的视野，能够说出"这是我负责的"吗？
- **技能**：在正确的位置，企业配置的人员是否具有完成工作所需的技术技能和人际关系技能，且人员数量适当？
- **绩效管理**：企业是否建立了合理的绩效体系，不仅帮助领导了解工作进展是否令人满意，还能帮助工作团队切实地向领导证明他们能够完成目标？
- **文化**：企业文化是否能够支撑出众的企业能力？企业文化

包括领导者做什么与不做什么，以及他们如何做。企业文化意味着工作环境，决定企业文化的因素包括企业员工的数量与质量，企业制定的各种标准，企业领导如何规定工作场所及其他场合的各项责任，例如哪些行为可以得到奖励，哪些则不可以，各种决定由谁做出，谁来确定工作的优先级，谁来制定政策，各种信息由谁掌握，哪些信息应该与哪些人分享，哪些信息应该对哪些人保密。企业文化是人们彼此沟通交流的方式，是领导者树立的榜样。

- **沟通和信息**：关键信息的传递是否顺畅？沟通是方便而开放的，还是困难且官僚气十足的？管理层是否能定期提供市场和客户的相关信息，哪些外部动态和事件可能会影响到企业本身？管理层是否能定期寻求内部员工和外部专家的意见，了解企业目前的工作情况和工作方式，了解哪些地方需要改进？

- **工作组织和工作体系**：企业是如何组织工作的？员工如何完成相互关联、相互协调的工作？企业的组织风格是层级制还是增强权力下放和团队合作？企业设计的工作体系和流程是否运转良好？

- **有形资产**：企业的有形资产是否与最重要的能力相匹配，或者企业是否必须要使用重要的变通手段才能优质高效地完成工作？在设计和采购有形资产的时候，内部员工和外部专家是否会参与，他们的反馈意见是否会得到重视？有形资产的哪些变化可以显著提升企业能力？

IBM 公司在培养领导者方面享誉全球，表 2-3 展示了 IBM 公司为构建这种能力所做的工作。美国西南航空则将以客户为中心和成本效率作为两种至关重要且相互关联的能力（见表 2-4）。

表 2-3　IBM 公司能力调整——领导力

能力	途径
共同的价值观	IBM 公司是这样描述其领导力的战略目标的：我们在员工身上投资，在高度诚信的环境中培养全球领导者。
战略目标	每位领导者都会有自己的人才目标，在完成这些目标的过程中，他们会极度关注细节，他们会要求：你是否正在培养才华横溢并且爱岗敬业的未来领导者？你是否将团队建设得比接手时更加优秀？
技能	无论公司是状况良好还是遭遇困难，IBM 公司都会在培养领导者的技能方面投入大量的资金
绩效管理	IBM 公司以严格的绩效管理闻名。该公司的绩效管理不仅注重财务和运营，也同样关注价值观领域。IBM 公司在继任规划和领导力培养方面也做得非常出色，其领导模式一直以来都要求领导践行和发展价值观
文化	IBM 公司每年都会按照自己的发展价值观评估各级领导，要求各级领导对企业外部的关注度要高，思维清晰，想象活跃，勇气充足，包容性强，并且能够提升自己和其他人的专业知识。因为有这样的评估，所以 IBM 公司可以通过绩效和培养体系强化企业文化
沟通和信息	无论是在企业内部还是外部，IBM 公司都不遗余力地强调领导力的重要性。IBM 公司在领导力和员工培养方面投入巨大，以此加强领导者的领导力。首席执行官和其他高级管理人员积极参与领导力的教育，在 IBM 高管学校，投入大量时间进行教学，为行动学习项目提供支持
工作组织和工作体系	IBM 公司的企业组织方式和总经理所享有的自由也强化了企业的领导力。员工在职业初始阶段就有机会参与企业的经营，而企业的组织方式也让年轻的领导者能够在职业生涯早期就真正承担起全面的管理职责
有形资产	IBM 公司为自己的服务团队和高管团队投入了大量资金

美国西南航空在北美地区的竞争对手包括达美航空、美国联合航空和美国航空这样的公司，西南航空公司对于人才的要求与其竞争对手不同。它的竞争对手都非常重视业务增长，但是在客户价值方面则各不相同。达美航空、美国联合航空和美国航空争夺的实际是同一类型的客户，即那些愿意多出钱去享受直航服务、舒适座椅和配套飞机餐的商务旅行客户，所以这三家航空公司的竞争核心是服务，而非价格。而阿联酋航空在客户价值方面重视的是品质。乘坐阿联酋航空公司经济舱或者头等舱出行的旅客，都可以享受到属于自己的宽敞隔间，另外乘坐 A380 头等舱的乘客在长途旅行中还可以享受 5 分钟的沐浴，这些服务在飞机上堪称奢华。对于如何在业内取得成功，各个公司都有自己的解释，从而决定了公司具有的不同能力，需要的不同人才。

表 2-4　美国西南航空能力调整——成本和客户关系

能力	途径
共同的价值观	美国西南航空不断巩固自己不同于其他公司的口碑：成本低、麻烦少、服务优，员工和蔼又敬业
战略目标	美国西南航空认为成本效率和客户关系两个领域的目标是相互关联的。在官方网站上，西南航空明确自己需要"继续提供出色的客户服务，将自己与其他低价航空公司加以区别"[1]
技能	西南航空公司的员工会定期接受培训，一同寻找降低成本、改进服务的途径，并且能够在多技能环境中工作

---

[1] Southwest Airlines, "Southwest Airlines at a Glance," *2011 Southwest Airlines One Report*, accessed July 18, 2015, www.southwestonereport.com/2011/?_escaped_fragment_=/thirty-thousand-foot-view/index#!/thirty-thousand-foot-view/index.

（续表）

能力	途径
绩效管理	每个团队都要向自己的成员提供反馈，经理为所有员工提供年度绩效审核，并与员工讨论如何提升绩效
文化	美国西南航空具有独特的企业文化，在《财富》杂志等进行的各种员工调查中经常名列前茅，企业官网更是重申了公司对于员工和客户坚定而持久的承诺
沟通和信息	美国西南航空会严格考核自己在成本管理、客户满意度和员工敬业度方面的表现，并将结果反馈给员工
工作组织和工作体系	美国西南航空对工作体系进行设计，加强团队合作和成员协作，促进客户体验的提升和成本效率的改善。通过团队合作，员工可以大幅度减少周转时间和成本，这样的体系可以让西南航空公司继续维持较低的价格。此外，公司还邀请空乘人员分享自己的才艺，给客户带去娱乐体验，比如唱歌或者表演单人脱口秀
有形资产	与自己的竞争对手相比，美国西南航空部署的飞机类型更少，这样可以减少飞机停机时间，提升劳动力效率，增强员工应对多种任务的能力，还能降低零件库存成本，从而降低总成本。而公司的燃料对冲策略更为公司节省了数十亿美元。最后，与惩罚性更强的只雇用工会会员的工厂相比，西南航空员工的敬业度和工作满意度更高，从而提升了成本效率

| 小　结 | 企业如果想通过云人力资源使用敏捷人才并且从中受益，将需求和机遇转化为决策、计划和具体行动，就需要企业有规范而严谨的流程。我们在本章关注的正是这一流程。我们已经指出，较之以往，现在的企业更容易请到外部专家，这种独特的方式无疑可以丰富专家资源，但前提是要阐明企业的战略目标，确定对应的企业能力。

反过来，企业能力并不仅限于技术领域的专业知识，技术领

域的专业知识我们称为胜任力或者具体技能。企业能力包含个人胜任力和企业文化两部分，并且依赖于企业的组织结构、工作体系和其他能够让技能创造非凡价值的方面。

显然，企业能力建设的发力点绝不是优化企业能力中的各个要素，而在于整合各个要素。在客户和员工这样的外部和内部相关方眼中，要素整合让企业的能力变得越来越真实。

在全球竞争、社会力量、科学技术、人口特征和经济发展等因素的推动下，企业面临的变化越来越快，幅度越来越大。这些外部因素体现在客户、投资者、监管机构、供应商和社区的各种需求之中。为了满足这些新的需求，保持领先地位，企业必须开发新的能力。在如此快速而剧烈变化的外部环境中，企业的竞争必会有胜负之分。要想在竞争中获胜，企业不仅需要与竞争对手一样对未来趋势做出准确判断，而且还需要先人一步，快速采取行动，将分散的要素整合成企业能力。例如，几年前，IBM公司在服务领域独占鳌头，但错失了云计算的发展机会。诺基亚曾经是全球最大的手机厂商，在价格方面处于领先地位，却错过了智能手机的早期创新窗口期，也因此与巨大的机遇失之交臂。

对于在竞争中获胜所需要的能力，企业了解得越清晰，在培养自己所需要的敏捷人才的时候，企业的创造力也就越强。

第三章

优化战略:
选择利用敏捷人才的正确途径

我们在第二章中分析了阿布扎比投资局的案例，我们关注的是任何领导者都需要重视三个问题。第一，在最关键的领域，你的企业是否具备世界一流的企业能力，是否具有实现战略目标所需的力量；第二，领导团队是否达成一致，制订了旨在提升企业能力的人力资源计划，确认哪些技术层面和实用层面的个人胜任力能够弥补企业能力的差距；第三，旨在提升企业能力的人力资源计划中，敏捷人才可以并且应该在哪些具体的领域发挥重要作用，从而满足企业在技术层面和实用层面的专业知识或技能需求。

　　在本章，我们将提供帮助企业优化自身战略的路线图，具体说明外部专业人才如何在关键领域为企业提供一种吸引力强且极其重要的选择，从而替代有固定收入的全职员工。为了说明问题，本章将提出与人力资源使用有关的两个基本问题：我们必须拥有和必须发展的是哪些技能？何时该短期雇用、何时该长期雇用呢？

拥有、长期雇用还是短期雇用？

几年前，我们帮助一家全球知名咨询企业的管理合伙人评审该企业配置人员的战略和方法。随着工作的展开，我们逐渐对企业怎样合理地配置人员产生了兴趣。显然，在那时，企业更倾向于选择全职的终身雇员。但因为那时企业也开始认真对待刚刚兴起的外包服务，所以我们在考虑如何以更具战略性的视角来审视外包服务。具体来说就是我们提出了一个问题，即在什么情况下，"租用"专业人才比"拥有"专业人才效果更好、成本效益更高？

我们注意到影响最终答案的有两个基本要素。第一个要素是专业知识或技能对于企业的重要程度，即某项专业知识或技能在企业实现使命和目标过程中的战略重要程度。评估专业知识或技能的战略重要程度意义重大。例如，航空燃料的价格波动对航空业颇具影响，美国西南航空是第一家认识到这一点的航空公司，它建立了对冲项目。截至2008年，西南航空已经通过套期保值节省了超过35亿美元。[1] 凭借套期保值，西南航空与其他航空公司相比在成本方面具备了竞争优势，这正是套期保值的战略意义所在。而套期保值带来的收益可以用于拓展航线、收购其他航空公司和投资购买更高效的新飞机。实际上，短短几年内，美国西南航空公司的市值就超过了美国其他航空公司的总和。

我们认为起作用的第二个要素是企业能力的独特性或者获得能力的难易程度，即某项企业能力是容易获得还是极为稀缺的。例如，优步从选择新的城市到投入运营非常迅速，这种独特的技能无疑让优步较之来福车（Lyft）和其他提供手机打车服务的公司具备了巨大的先发优势。再比如埃克森美孚，该公司在油田勘探中拥有高科技的储层建模技术，而且它还会持续投资具有影响力的下游炼油技术，这些都是埃克森美孚公司独有的能力，也让它的生产水平和效率超过大部分的竞争对手。

再来看看位于加利福尼亚的各家酿酒厂，它们肯定会一致同意，装瓶是非常重要的工序，但是很多企业都具备这项能力。装瓶必须符合规格，但是除了能够以较低的成本达到标准，具备装瓶这项能力并没有太多优势。所以，通常情况下酿酒厂会让第三方来提供装瓶服务。

综合考虑了要素的重要性和获得的难易程度，企业便可以清楚地了解何时该"租用"人才，何时又该"拥有"人才（见图3-1）。我们称这张图为战略人力资源矩阵，让我们看一下图中的每个象限。

	重要性	
	战略性的	非战略性的
独特稀缺的	**1. 拥有** 拥有并留住最好的人才	**2. 拥有** 用可行的最低成本达到基本要求即可
普通易得的	**4. 租用** 租用最好的人才，并为他们的成功铺平道路	**3. 租用** 外包或者购买

获得难易程度

图3-1 战略人力资源矩阵——拥有人才还是租用人才

拥有最佳人才

对企业来说，有的专业人才对企业现在的业绩和未来的发展都至关重要，同时这些人才是独一无二的，所以企业很难甚至不可能由外部获得这类人才，显然企业应该自己拥有这样的专业人才。企业需要拥有自己的人才队伍有各种原因，但主要是因为专业知识或技能非常重要而且需要竞争才能获得。然而仅仅拥有自己的人才队伍是不够的。如果某项企业能力具有战略意义，也就是说企业的业绩甚至生存都取决于这项专业知识或技能，那么企业在这项能力方面仅仅做到非常好或者出色是不够的。劳斯莱斯生产的飞机引擎绝不能只是"不错"，它必须要优于市场上其他竞争对手的产品，其中就包括通用电气和联合技术公司，否则劳斯莱斯就无法实现自己的目标，自己的生存也会受到威胁。简而言之，如果企业的某项能力既具有战略意义，又非常稀缺，那么企业就需要确保敏捷人才的水平能满足需求，也就是说敏捷人才必须达到全球顶尖水准才能为企业提供激烈竞争所需要的强大火力。

达到基本要求

在某些工作领域，企业的目标是合格即可，而非出色，那么在这些领域企业需要做的就是达到基本要求。所有企业都会有必须由全职员工来完成的各种工作，这可能是组织职能独特的运作方式，大家更愿意保留这种传统而非思考取代它，也可能是因为目前市场缺乏有效的替代方案。减少内部人员参与和非战略性企业活动应该是所有企业的目标。如果企业能高效地调整结构，减少全职终身员工人数，或者转向更适合企业的人员配置，混合配置内外部人才，那么这一目标会更容易实现。

挪威国家石油公司为我们提供了一个值得借鉴的案例。比如，在该公司管理者眼中，组织发展这项企业能力虽然重要，但其重要性还达不到战略层面。考虑到从北海和其他地方开采石油的成本逐渐上升，以及挪威本地人才数量的增长，像组织发展这样的专业领域需要人才的时候，挪威国家石油公司的人力资源部已经越来越频繁地转向使用敏捷人才。虽然敏捷人才对于公司本身和相关背景了解可能并不深入，但是他们曾经服务于其他企业，能够为挪威国家石油公司注入经验、带来创新，让企业从中受益。此外，挪威国家石油公司以这样的方式满足组织发展的需求，获取人才的成本不再一成不变，而灵活的成本可以让公司适应经济周期的波动。

外 包

企业中的部分工作是非战略性的，且已经有了标准流程化的组织和执行方式，可以承担工作的人员众多，所以适合外包，这一情况我们肯定不会忽略。众所周知，最适合外包的工作几乎不需要绩效监控和监督，只需采购部门按照约定履行合同即可。

租用最好的人才

第四种用人方式是租用最好的人才，这也是本书关注的焦点。

由于个人胜任力的价值不断提升，专业人才不断涌现，现今的商业领导者有了一个较之以往不同的有趣选择：我们应该"购买"还是考虑其他的人力资源方式，也就是说，我们应该"拥有"人才还是"租用"人才？另外，如果我们决定"租用"人才，那么如何以自己能够接受的成本，获得具备相应个人胜任力或者专业知识水准的人才？简而言之，敏捷人才这一解决方案是否具有较高的商业价值？

选择敏捷人才需要分两步走，并且这两个步骤都非常重要：一是吸引最佳外部人才，二是为他们的成功创造条件。这两个阶段都很重要，大部分企业在第二个阶段无法始终如一地支持敏捷人才。例如，贺曼公司和美国礼品公司都是电子贺卡和纸质贺卡的代表厂商。两家公司本身都具备强大的设计能力，并且认为这种能力是它们的成功密钥，但是它们也广泛使用兼职或自由职业设计专家，并冠以"高级自由创意修图师"这样的头衔。这些人员通常需要接受公司的培训，确保他们提供的作品符合公司的形式要求，从而满足公司的独特需求。

租用最佳人才并为他们的成功创造条件，我们发现这种用人方式可以提升效益和效率，也是最具开发潜力的方式。

苹果：强化设计这一战略核心

我们来看看苹果扭亏为盈的案例。1997 年，在阔别 12 年之后，史蒂夫·乔布斯重返苹果。显然，当时的苹果已经偏离了设计创新这一立足之本。乔布斯迅速采取了一系列措施，其中就包括重建苹果的设计团队。在苹果公司内部，大家称设计团队为苹果工业设计协会，乔布斯为整个设计团队配备了顶级设计师小组作为核心。随后，他组建了由高级顾问和设计顾问组成的小型团队，为战略设计参数（他们称之为"概念"）出谋划策，并且拿出新的产品设计。青蛙设计（Frog Design）和 IDEO 是苹果使用的知名外部合作伙伴，但苹果同时还引入了创新能力出众的外部人才。

乔布斯深刻地理解了设计的战略重要性，实际上，苹果成功的秘诀之一就是极度重视设计和创新对苹果品牌的影响，并且将创新视为至关重要的战略能力。乔布斯明白自己需要强化设计团队，他请来了包括乔纳森·伊夫爵士在内的多位世界顶级设计师，他们不仅领导并管理苹果的设计部门，还确保为苹果提供支持的外部敏捷人才了解公司独特的理念和产品设计方法。

苹果公司意识到，他们可以从市场中轻松地招募到专业人才，而苹果的专业设计人员和外部人才之间"苹果化"的伙伴关系实现了三大优势：第一，助力公司高质量、高速度地完成工作；第二，对"非我发明的"（"not invented here"，NIH）的偏见发出持续挑战，这种想法也符合我们的相关数据，该数据表明使用敏捷人才是拓展企业技能的重要手段；第三，鼓励内外部专家之间的友好竞争。苹果公司通过租用最佳外部专家来扩展内部团队，从战略层面和成本效益层面来看，这样可以集中利用人力资源。苹果公司还与外部企业维持长期合作关系，这保证了外部人才对双方合作保持长期兴趣，使他们始终全身心地投入，同时也保证了外部人才的最佳工作状态。[2]

依赖敏捷人才

另外一个值得借鉴的例子是国民城市银行（National City Corporation），它是美国一家地区性银行，现在已经并入 PNC 银行。我们两位作者中的一位曾经在国民城市银行做高级副总裁兼首席学习和人才官。2005 年时，国民城市银行每年采购服务的支出及其相关费用总额超过了 10 亿美元。在如此规模之下，国民城市银行认为自己缺乏采购方面的战略性专业知识，所以银行聘请了新的采购经理。他此前供职于通用电气，经过初步评估，他建议设立一个目标，即在不损害公司收入和客户体验的前提下，削减 10% 的采购费用。他组建了一个小团队，团队成员都是雄心勃勃的年轻金融分析师，他们通过云端拓展了敏捷人才网络，丰富了团队人才。通过这样的措施，他帮助银行节省了 1 亿美元。

第三个案例我们可以关注耐克，看看它如何选择拥有人才还是租用人才。耐克与 A.P. 穆勒–马士基集团旗下的物流企业丹马士物流合作，由丹马士物流负责为耐克公司将货物运输到各个地区的仓库。但是丹马士在工作中发现，耐克可以通过减少碳足迹，更好地实现其可持续发展目标。于是，这家物流公司创建了相关工具，培训耐克的员工，代表耐克公司监控整个过程，为耐克的供应链团队提供数据，帮助他们评估工作情况。正因为上述措施，丹马士不再仅仅是一家物流提供商，而转型为更加有影响力的战略合作伙伴。

在进行战略决策时，决定到底是拥有人才还是租用最佳人才，上述这些案例给出了企业需要考虑的诸多条件。表 3-1 列出了这些条件，它们决定了企业该拥有还是该租用所需人才。

表 3-1　何时选择拥有最佳人才，何时选择租用最佳人才

拥有最佳人才，培养并留住他们	租用最佳人才，为他们的成功创造条件
• 人才所拥有的专业知识不仅是战略性的，而且是企业长期需要的； • 人才所拥有的专业知识对企业来说是独一无二的； • 企业对人才所拥有的专业知识有强烈需求，而且人才较为稀缺； • 人才的个人胜任力让企业本身和企业的产品与众不同，且不应该与竞争对手共享这种能力，或者不应该将这种能力提供给竞争对手； • 企业把工作外包给外部专家费用过于高昂，存在困难或者不确定性因素过多； • 市场提供的专业人才水平和数量达不到企业要求	• 企业可以获得外部人才； • 市场提供的人才能够达到企业要求且价格合理； • 企业只是在一段时间内需要某种专业知识； • 企业需要补充核心内部专家团队； • 内部专家具备支持、指导和管理外部专家工作的技能； • 企业需要由外部专家训练内部员工； • 建立内外部伙伴关系或者拓展内部能力具备相应价值

耐克的案例引入了一个新的观点，即企业与外部合作伙伴的关系是动态的。包括丽塔·冈瑟·麦格拉思和加里·哈梅尔在内的战略研究人员发现，企业与外部合作伙伴之间的关系不仅在加速变化，而且越来越频繁，同时还是颠覆性的、转变合作范式的变化。丹马士为耐克创造了独一无二的竞争价值，也改变了自己与耐克的关系，它做的事情是其他竞争对手没有做到的。它为耐克提供

了企业关键领域中存在问题的解决方案，这至少会让丹马士在一段时间内成为耐克的战略合作伙伴。

不同的目标

企业有时会将工作完全外包，在过去30年，这种情况显著增长。但是这种做法是否充分发挥了它的潜在优势呢？知名咨询公司毕马威的数据表明，企业的目标普遍未能实现。表3-2列出了近期对500名高管的调查结果。[3]

表3-2 传统的业务外包效果数据分析

驱动因素：传统的业务外包的效果	认为自己的企业选择业务外包是为了实现本项关键目标的受访高管占总数的百分比（％）	认为自己的企业通过业务外包实现了本项关键目标的受访高管占总数的百分比（％）
降低运营成本	43	31
业务标准化	35	22
在全球范围内提升运营效率	33	29
改变或重建生产流程	29	13
获取更多人才	24	19
获取更多新技术	22	20
提升分析能力	21	9
强制变更经营活动	17	14

资料来源：KPMG, "State of the Outsourcing Industry 2013: Executive Findings," company report, April 2013, http://www.kpmg-institutes.com/content/dam/kpmg/sharedservicesoutsourcing institute/pdf/2013/state-of-outsourcing-2013-exec-findings-hfs.pdf.

如表 3-2 数据所示，将工作外包更注重的是企业效率，而不是其他战略性企业能力，这并不令人意外。虽然在受访的高管中，有 43% 表示自己的企业追求的是降低运营成本，有 35% 表示自己的企业强调的是业务标准化，而将人才、技术和分析能力视为关键目标的高管远比不上前两者。

针对不同情况采取不同方案才是最佳选择

使用敏捷人才可以有多种类型，业务外包无疑属于其中之一，但是在本书中它并不是我们的兴趣所在。敏捷人才中蕴含的更大机遇是它的宏观影响，即战略影响，但是更深层次的问题是在什么情况下使用敏捷人才才是最佳选择？表 3-3 列出了在企业战略中敏捷人才可以扮演的角色，并附上详解。

表 3-3　敏捷人才在企业战略中的角色

角色	定义
宏观顾问	偶尔邀请备受尊重的专家为企业提供指导和建议
项目顾问	专家积极地参与企业的项目和计划，但是在参与范围、起止时间、经费预算方面受到限制
零工服务	访问专家，即由于项目或活动需要，在特定时间段内为企业服务之后就会离开的专家
受雇关系	在更长的时间范围内为企业提供专家支持，通常涉及多个项目
合作协议	为了抓住共同的机会、解决共同的问题或者实施共同的计划，两个或者多个团队或组织之间签署合同协议，一起承担成本，分享收益

宏观顾问

宏观顾问提供服务的形式有很多,作为宏观顾问的专家只是偶尔提供指导和建议,主要服务于企业的高级管理人员,有时也会服务其他对象。想要与宏观顾问建立良好的关系,需要注意下列因素:

- 业务足够重要,需要寻求并且听从宏观顾问的建议。
- 顾问作为专家有足够的资质,可信度高,经验丰富,能为该项业务提供见解深刻的意见。
- 企业认为专家的建议意义重大,内容丰富。有效的建议应该涵盖三个要素:分析诊断,指出企业将面对怎样的影响,以及评估可能的行动方案。
- 宏观顾问背后必须有一位支持者,这位支持者必须是企业中地位重要或者影响力大的人物,并且了解宏观顾问涉及的业务。

除了传统的宏观顾问关系,现在也出现了一些其他类型的宏观顾问关系:

- **设立宏观顾问委员会**。通过这种关系,顾问委员会的成员可以在重要领域为管理层提供深刻见解。读者将来会熟悉设立宏观顾问委员会这种形式,因为越来越多的企业在关键战略领域设立顾问专家小组,这也是企业开放式创新的一种方法。比如,我们两位作者之一就是新加坡政府全球宏观顾问专家小组的成员,负责人力资源转型领域。又比如,由于实验室出现了问题,美国疾病预防控制中心曾成立了一个由外部安全专家组成的宏观顾问专家小组，负责纠正各个美国政府实验室实验流程中的草率与疏漏。此外，宝洁、3M 和其他公司在新的研究领域设立外部宏观顾问专家小组，都是开放式创新的重要方式。
- **特殊宏观顾问**。美国泛大西洋投资集团是一家私募股权投资公司，它在包括并购和数字营销在内的几个技术领域聘请独立专家并与之建立宏观顾问关系，请他们提供具体的专业指导。
- **技术宏观顾问**。NKT 工业集团是丹麦的一家控股公司，该公司旗下的 NKT Photonics 公司与不同领域的技术宏观顾问建立了牢固而深厚的关系，宏观顾问帮助 NKT 集团研究和评估新技术。同样，壳牌石油设立了外部技术审核小组，小组成员与公司技术管理人员、关键技术人员合作，帮助公司增强石油勘探和生产能力。
- **第三方监督**。因为在处理炭疽病毒和禽流感病毒的时候实验室存在违规行为，亚特兰大疾病预防控制中心建立了独立的宏观顾问专家小组。他们复盘实验室安全问题，提出改革意见，并调查未来可能发生的令人担忧的漏洞。

项目顾问

卓越的宏观顾问会将自己的专业知识跟企业的深入见解结合起来，从而创造价值。项目顾问不仅面临与宏观顾问同样的挑战，还需要承担额外的重担。与宏观顾问不同，项目顾问按照项目计划展开工作，有始有终，有固定的时间表，有成果要求，有预算限制。项目顾问的工作是结构化的。较之宏观顾问，项目顾问需要得到企业更多的支持才能完成任务，其中三个因素是企业重点考虑的：

- 项目顾问承担的工作无论是目标还是成果都有明确要求。负责支持项目顾问工作的高管需要明确告知其工作需要达到的成果，并且保证对工作成果的好坏进行评判。换言之，项目顾问只有清楚项目和工作的目标时，才能制订高效可行的计划，落实工作目标。

- 企业在聘请项目顾问开展工作或者获取咨询服务时，必须明晰其中的管理关系和支持关系。聘请项目顾问的高管或者高管团队对于最终的计划应该具有管理权或者非正式的影响力，可以为项目顾问提供必要的资源和政策支持，保证项目顾问提出的建议顺利实施。

- 个人专家或专家团队知道如何在企业中完成工作，否则，既定目标可能无法实现。

因此，宏观顾问主要负责与企业的高层领导和技术人员维持长期的宏观关系，而项目顾问则为项目服务，在特定的项目中贡献自己的专业知识，项目有开始时间、结束时间，时间紧凑并且有成果要求和明确的预算。现在我们将注意力转向可以通过云人力资源获取的第三类敏捷人才——自由职业者，我们称其为"吉客"。

零工服务

我们认识一位才华横溢的项目顾问,他很年轻,刚刚放弃了公司里前途光明的职位,而选择参与一个为期18个月的项目,为此他需要从俄勒冈州的波特兰远赴中国香港。他在离职谈话时说:"新公司的项目非常有趣,不容错过,我离职并不是因为新公司有多好,而是因为这是一个很棒的项目。"18个月后,他又回到美国,接受了另外一个雇主的邀请,参与另外一个"不容错过"的项目。

我们称为"吉客"的自由职业者是第三类敏捷人才,越来越多的千禧一代和Z世代①的年轻人选择成为自由职业者。有人认为零工服务只是临时的雇佣关系,但实际上远远不止于此。正如《每日野兽》(the Daily Beast)的主编蒂娜·布朗所述,零工经济反映的是一种由各种有趣项目组合而成的职业选择。换言之,我们上文提到的那位年轻项目顾问远赴香港,像他这样的自由职业者追寻的是"酷酷的工作"。我们第一次听到这个概念还是在知名人力资源主管莉比·萨廷的演讲里,她还在演讲中指出,在职场的年轻人中,喜欢在企业内长期全职工作的人数正在不断减少。

茱莉亚的经历就是一个很好的例子。她毕业于加州大学伯克利分校,又在耶鲁大学攻读法学学位,专业方向是国际法和仲裁,毕业之后她进入美国的一家顶级律师事务所工作。但是她对这份工作并不满意,于是离开了律师事务所,放弃了高薪,希望寻求更加有趣的工作。正如布朗所说,茱莉亚期望自己的职业生涯有

---

① Z世代是美国及欧洲的流行用语,意指1995—2009年出生的人,统指受到互联网、即时通信、智能手机和平板电脑等科技产物影响很大的一代人。——编者注

各种丰富的经历，能够兼职做各种工作。现在，她作为自由职业者在另外一家律所兼职工作，负责非常重要的案件，这家律所虽然规模不大，但是实力很强。她还为非政府组织制定规划，这份工作令人兴奋，她四处奔走为它筹措资金。此外，茱莉亚还在一所知名的法学院免费授课，教授该学院三年级学生国际仲裁课程。

很多行业的兼职情况远远出乎大家意料。例如，最新数据表明，在美国，只有35%的大学兼职教师希望获取全职工作。[4]大部分兼职教师更喜欢灵活的工作方式，愿意选择兼职的工作方式。过去几年也出现了新的兼职方式，苏格兰就诞生了一种我们非常喜欢的全新兼职方式。苏格兰政府新近启动了一个名叫"引进极客"的项目。[5]这项计划是将开发人员、设计师和具有前瞻性的文化组织连接起来，让开发人员和设计师为这些组织工作一段时间，完成特定项目。作家安迪·杨为我们举了一个例子，"凯特·霍'入住'苏格兰国家剧院期间，为剧院带来了各种技术知识。在和剧院员工的会议中，她为他们介绍增强现实技术，以及如何利用微软的体感外设Kinect开展工作……这些想法其实非常简单，但是影响巨大。见识了增强现实技术的应用之后，苏格兰国家剧院的工作人员可以展开想象，思考如何把增强现实技术与传统媒体整合起来，比如运用在戏剧剧本上"。[6]

为什么企业要选择自由职业者而非项目顾问或者全职员工呢？其中一个目的是吸引人才：招募自由职业者是许多企业吸引顶级人才的一种方式，这样既能为他们提供有趣的工作机会，有时企业还会为他们提供全职工作。另外，许多自由职业者才华横溢,他们不喜欢全职工作,但是有趣的或者有挑战性的项目却能吸引他们。

受雇关系

受雇关系是企业与企业之间的关系,可以包括宏观顾问关系、项目顾问关系甚至是类似于雇用自由职业者的关系,还包括企业之间能够提供更广泛服务和指导而确立的关系。贝恩公司与许多公司建立受雇关系就是一个早期案例,在长期合作之后,包括戴尔在内的一些公司最终都选择了贝恩公司,它长期帮助这些公司履行计划职能。

受雇关系包含下述几种形式:

- **首选伙伴**。企业之间存在各种组织与组织之间的关系,这些都可以称为首选伙伴关系。最典型的例子是企业和其合作的会计师事务所之间的审计关系,还有一个例子是管理团队和咨询公司之间建立的密切关系。TASC 公司[①]和博思艾伦咨询公司都在为美国政府部门提供技术专家,比如美国卫生与公众服务部和国防部都是它们的服务对象。Slalom 咨询公司总部设在西雅图,成长异常迅速,它为客户提供员工扩充服务。这些公司和其他类似的公司提供了大量的敏捷人才。
- **专职团队**。券商通过开放架构,为客户提供新的投资选

---

① 诺斯罗普·格鲁曼公司的分公司,现已更名为 Engility 公司。

择，这种情况越来越多。与此类似，他们也会引入整编团队。这些团队按照合同，在一段时间内为券商提供持续的投资服务。例如，团队可能会代表券商的客户管理共同基金或者投资组合。《追星》(Chasing Stars)一书的作者鲍里斯·格罗斯伯格在书中详细地论述了决定这种关系成败的因素。[7]

- **订阅技术服务**。许多公司不断向组织和投资者提供技术服务，但是这需要组织和投资者订阅相关服务。例如，高德纳咨询公司坐拥 1500 名分析师，为分布在 85 个国家的 13000 家企业客户提供最新资讯和未来预测。

随着受雇关系种类的增加，服务提供商和企业客户的领导者需要关注如何从这个类型的敏捷人才中获取价值。无论是个人、团队还是企业，敏锐的外部人才提供方都会思考这样一个问题："我们是否已经准备充分，保证我们与客户或组织之间能够建立良好的关系？"外部人才会定期进行严格的自我审查和总结，也会不断思考这个问题，这样他们就可以发现并且弥补自己在经验和业绩方面的差距。

显然，仅仅依靠提供敏捷人才的一方来维护合作关系是远远不够的。企业和政府组织必须严格地筛选适合自己的外部人才，定义角色，建立关系，促进成功，确保给予敏捷人才有效的支持与反馈，提升他们的敬业度，保证工作在正确的轨道上良好地运行。

受雇关系面临的挑战同样也存在于宏观顾问关系和项目顾问

关系中。罗伯特·莫茨和侯赛因·谢拉夫在他们合著的《审计理论结构》（The Philosophy of Auditing）一书中认为，"审计人员的独立性面临的最大威胁是审计人员的诚实无私在无意中遭受缓慢的侵蚀"。[8] 对从事审计业务以外的专业人才、团队和公司来说，这一警示同样适用。专业人才或者提供专家的公司有能力与客户共同发展，熟悉客户的战略优势、面临的挑战和企业文化，只有这样受雇关系才能收效良好。

合作协议

合作协议是获得敏捷人才的另一种方式。为什么企业会选择合作式的人力资源解决方案？选择这种方式的优势在于可以学习相关企业的诸多研究成果，而劣势在于每个企业有义务共享自己的学习所得，也就是说，企业需要不断地投入时间和资金，共享知识。但是，如果合作协议是双方深思熟虑之后签订的，那么合作就极具价值。例如，RBL集团建立了RBL研究所，全球50家顶尖公司在此合作，分享人力资本和领导力领域的知识与创新。

敏捷人才的用途

10年前，无论是技术还是服务，IBM公司在业内都处于领先地位。然而现在在云计算和移动计算领域，IBM公司已经被甩在了后面，只能投资数十亿美元艰难追赶。云计算和移动计算已经是业界全新的也是根基性的战略市场，对IBM公司来说，使用敏捷人才可以迅速获得在这个战略市场中的竞争能力。科尔伯格·克拉维斯·罗伯茨集团（KKR）是一家私募股权投资企业，该企业在合规方面长期以来一直表现良好，但是美国政府此前提升了合规方面的报告要求，所以该集团开始接触律师事务所和会计师事务所，力图弥补自己在合规方面的能力短板。再来看看优步，它通过数以千计的自由职业司机保证了自己随时为用户提供车辆的服务能力，为了保持并且提升这种能力，优步可谓倾尽全力。

上述每个例子都对应着一种典型的敏捷人才战略用途。如表3-4所示，IBM公司的案例反映的是第一种战略用途，即利用敏捷人才拥有某项能力或者进入某个领域。第二种用途我们称为

表3-4　敏捷人才的用途和根本目标

拥有专业人才，进入某个领域	利用专业人才，建立企业战略能力	转变企业能力，树立良好声誉
• 缺乏某个领域所需的专业知识； • 该项专业知识涉及的技能领域对于建立战略性企业能力非常重要； • 随着时间的推移，某项专业知识的需求不断增加，企业必须在该领域具备该项能力，首先必须拥有核心的胜任力，其次再按照需求通过雇用的方式补充人才； • 随着战略需要日趋凸显，企业必须平衡外部专家和内部专家的使用范围	• 企业在该领域实力强劲，能够满足战略性企业能力； • 该项企业能力战略价值非常明显或者正在不断增强； • 企业认识到该项企业能力对于战略增长和业绩的价值； • 领导者认为未来存在对该项能力的需求； • 企业确定了外部专家和内部专家的最佳配比方案； • 企业采取行动获取、监督并留住所需专业人才	• 专业人才对于企业的战略业绩至关重要； • 企业具备完善的内外部结合的人才体系，但是需要大幅提升影响力； • 领导者对如何将企业能力提升一个层次进行了评估； • 企业对于企业能力提升视野清晰，准确辨识现在与未来之间必须弥合的差距； • 企业实施了变革管理战略以弥合差距，发展了独一无二的企业能力，并积极进行内外部沟通

利用专业知识，经深思熟虑后，战略性地混合使用内外部人才，让两者为了共同目标一起工作。KKR集团和其他一些金融服务企业在合规领域采取的就是这种方式。至于第三种用途，某些企业可谓全力以赴，因为它们发现了利用敏捷人才带来的机遇，它们可以与外部专家建立伙伴关系，可以迅速拥有某项能力，建立业界声誉并且始终保持领先地位。优步便是这种用途的典型例子，作为创新者，优步始终站在应对变革障碍的第一线。

| 小　结 | 本章详述了敏捷人才架构，以及企业为达到短期或者长期战略目标应该如何运作。敏捷人才会对企业招募人才和组织工作产生影响，此外，企业希望凝聚包括内外部人才在内的所有员工为共同目标奋斗，而敏捷人才也会影响企业这方面的工作。结合前面的章节，我们对敏捷人才在这两方面的作用进行了进一步探讨。既然我们已经揭示了敏捷人才是人力资源方案中的吸睛点，也说明了不同情况下如何最恰当地使用敏捷人才，接下来的几章我们将重点讨论企业如何进行调整，才能达到引入敏捷人才的预期目标。我们初步研究得到的数据表明，企业及其领导者需要为外部人才的工作制订更好的计划，并给予更热情的欢迎、更精准的定位和更有力的支持，只有这样才能最大限度地发挥敏捷人才的优势。

在接下来的三章，我们会介绍企业该如何更好地选择、吸引

和留住外部敏捷人才，研究企业的人才管理理念和方法对于内外部人才之间的协作质量有怎样的影响。我们也会展示顶尖企业是如何凝聚外部人才的，而不是把使用外部人才作为普通的交易或者对他们持怀疑态度。同时，我们还会分析企业不同的结构和工作方式是否会促进外部人才优势的发挥。最后，我们会给企业领导者建议，必须做好哪些方面的工作，才能从投资敏捷人才中获取最大收益。

第四章

让敏捷人才在企业中获得价值感

你目前面临的情况可能是这样的：你的企业最近接触了一位外部专家，她在互联网安全领域很出众，可以评估企业的网络系统是否安全。你的企业确实需要她的帮助，诸如塔吉特公司、家得宝公司和花旗银行都曾因客户信息被盗而声誉受损。这位专家是业内顶尖专家之一，诸多企业争相邀约，而她的日薪超过你的预期。但是她才思敏捷，做事果敢，能为客户提出创新解决方案，在业界认可度很高。最终你下定决心，决定跟她签约。

为了确保如此成本高昂的外部人才给企业带来成倍的价值，你制订了怎样的计划？为了确保你的企业从外部人才的工作中获取最大价值，你在企业内营造了怎样的环境？反过来，你的企业为外部人才提供的体验，能否让她认同企业和她自己的工作？她将来为其他企业工作时，会称赞你的企业吗？

不仅是钱的问题

印度总人口中超过 50% 是 25 岁以下的年轻人，而 35 岁以下人口所占比重达到 65%，所以在印度和亚洲其他许多地区，你所接触的外部人才很有可能是千禧一代，甚至可能是 1995 年以后出生的 Z 世代。如果外部人才是千禧一代，他可能主要关注工作机会和未来工作的内容是否有趣，是否与以往工作不同。金钱固然重要，但对千禧一代的外部人才来说，他们更看重的是工作本身和工作环境。这些人对他们的上级和同事有很高的期望，并且渴望工作中的挑战值得自己选择这份工作。他们对自己所做的工作、接受的管理以及所在的企业都有很高的期望，而且他们会毫不犹豫地离开不信守诺言的企业。

乔丹·普赖斯是一位年轻的技术专家，最近他向《赫芬顿邮报》的读者解释了为什么他会离开苹果公司的项目合同职位。

那天早上，我比平时起得晚了一点，我错过了经停我家附近的苹果公司班车。我很庆幸我不用每天自驾去上班，但是我希望早上有机会送女儿去幼儿园，就像我未加入苹果工作之前那样。我来到公司，开始工作，很快就要去开会。会议进展顺利，随后我回到自己的座位上。连个招呼都没打，我的上级就阴阳怪气地低声羞辱了我，虽然听起来他似乎是在开玩笑，但是我很清楚他的意思。我试图忘记他说的话，努力回到工作中，但我意识到自己根本无法专心工作，我不受控制地思考该如何处理这种情况。我应该递交辞呈吗？我能坚持到项目合同结束吗？我可以换到别的团队吗？如果我一直待在库比蒂诺（苹果公司总部所在地），怎样才能找到一份新工作呢？也许我应该对着他（那位上级）的鼻子来一记重拳？不，千万不要那样，乔丹。

午餐时，我清除了自己平板电脑上的数据，把我一直在处理的文件整齐地提交到了服务器中，把所有苹果公司的东西留在桌面上，随后，我开车回家。我给我的上司留言，告诉他他是我整个职业生涯中遇到过的最糟糕的老板，虽然苹果公司的工作经历能够让我的简历闪闪发光，但我也无法再在他手下工作了。与我签约的第三方公司非常生气，因为我破坏了他们与苹果的关系，当然他们认为我退出项目是非常不职业的行为。我并没有为自己这样做而感到骄傲，而且我和第三方招聘人员之间长期的良好关系也遭到了破坏，正是他帮我争取到了难得的面试机会，对此我深表遗憾。这就像是一颗难以下咽的药丸，曾几何时，我因为能够为苹果公司效力而异常兴奋。我不确定离开苹果这件事情是否会困扰我，但我可以确定，我曾经有多么渴望加入苹果公司，但是现在那份渴望早已不复存在。[1]

拉斯·米切尔曾在《快公司》上撰文，指出了许多技术专家的动机：

对技术人员来说，金钱固然重要，但绝非重中之重。从本质上讲，他们感兴趣的是自己的工作能否产生影响力，他们对自己的想法充满信心，喜欢胜利的感觉。他们关注的是自己取得的成就。从这个意义上看，他们与那些一心想要获得诺贝尔奖而努力工作的科学家别无二致。只不过他们也许达不到那个高度，但是两者秉持的原则是相同的。[2]

普赖斯和米切尔阐述了当今的专家人才对工作和职业有着不同的期望。专家人才无论是为贝恩这样的咨询公司工作，还是为广告公司提供独立创意，或者致力于网络安全领域，无论他们是年轻还是资深，对于始终为一家企业效力的职业生涯，他们似乎都已经提不起兴趣了，他们更注重自己目前的工作体验。这些专家人才抱有这样的态度不足为奇，因为他们大部分在2008年的经济大衰退中丢掉了工作，或者目睹亲朋好友丢掉工作，也失去了对雇用自己公司的信任，所以他们变得有些愤世嫉俗。对顶尖人才和专家人才来说，他们对于工作已经有了更加明确的期望，不会总是埋怨社会。企业必须采取哪些措施，才能增加自身对于优秀外部人才的吸引力呢？

企业能提供什么

数年前，我们两个人中的一位带领一家欧洲中型工业企业集团进行战略评估。董事会希望公司能够更好地吸引被收购的其他公司，但是公司有关这一点的价值主张并不明确；另外，该集团也未能向其他公司阐明为什么企业集团对于成长型公司极具吸引力。更糟糕的是，该集团非常清楚自己希望从收购中获得什么，然而对于如何让自己成为比其他投资者更好的选择却缺乏清晰的认识。简而言之，这家企业集团需要针对最关键的问题给出令人信服的答案，它的价值主张应该着重回答"为什么其他公司想要被我们收购"这一问题。

对那些需要选择和吸引顶尖专家人才的高管来说，他们也要回答几个基本问题，即为什么顶尖的宏观顾问、项目顾问或者其他敏捷人才想要为我们公司效力？我们采取了哪些措施，给才华横溢的外部合作伙伴提供了良好的体验，鼓励他们与我们建立关系，让他们全心全意地为我们提供最好的服务？

当今世界竞争日益激烈，顶尖人才通常会选择能够提供满足感和职业机遇的工作。企业回答上面的问题必须要有深度，并且要坚持定期向他们强调企业给出的答案，这无疑需要企业拥有自己的员工价值主张。我们可以把这种价值主张想象成互惠互利后得到的进入企业的资格，本质上是企业和个人之间的合同契约。举个例子，爱彼迎在2014年的估值为100亿美元，此后还在继续攀升，这家公司非常清楚，它需要用直击年轻软件工程师心灵的话语来向他们阐述，在这家处于成长期的公司工作可以得到什么，而且爱彼迎深谙员工价值主张的重要性。

> 爱彼迎是世界上最大的住宿交易平台，而且规模仍在日

益扩大。我们已经完成1000万个夜晚的房间预订，面对如此大的交易量，我们需要不断应对搜索算法、支付手段、预防诈骗和业务增长等方面的挑战，目的就是保证客户始终拥有美妙的体验。针对遇到的问题，我们希望能够找到可拓展、高效率而又体面的解决方案，同时我们需要寻找相关人才来帮助我们实现这一目标。

从进入公司的第一天起，每位工程师都会各尽其责，此后的每一天也都照此执行。我们使用亚马逊云计算服务进行持续部署，这让我们可以迅速尝试新的想法，并在现有产品功能上进行迭代。只要新技术适用于实际工作，我们就喜欢去尝试、去实践。我们不仅是尖端技术的弄潮儿，更是造浪者：Rendr是一个JavaScript框架，可以让Backbone.js应用程序在客户端和服务器上无缝衔接，我们开放了Rendr源代码；Chronos是一个分布式容错调度程序，在Apache Mesos上运行，我们也开放了源代码；还有其他许多程序我们都开放了源代码。我们的工程师还会定期出席全美各地的会议。

我们一同学习。我们相信工程是一个不断学习和改进的过程，而最好的学习方法就是从你的工程师同事那里获得帮助。我们所有的工程师都会到营火聊天室（Campfire）来，在这里大家可以轻松随意地进行知识分享和思想的交融碰撞，正因为有这样的活动，我们在一起编程的时候才有了更多的乐趣。每两周我们还会举行一次技术论坛，邀请内部和外部人员共同参与，这样每个人都有机会在自己的领域做到最好。

我们用 pixelwax[①] 这个词来形容我们在工作中注入的奉献精神和工匠精神。对我们来说,编程并不仅仅是一项工作,更是一项我们希望能够做到完美的实践作品。我们致力于系统的模块化、代码的整洁干净和文档的清晰明了,同时我们遵循童子军的理念,即"经过你的双手之后,事情会变得更好"。这不仅仅与代码编程有关,我们还需要有正确的工作流程和方法,这样开发人员才能开心而高效地工作。这对我们来说非常重要,因为只有这样才能让我们有时间专注地打磨产品。[3]

爱彼迎懂得这一点。它懂得好的人才价值主张不是广告宣传,它阐述的是企业给予员工的承诺。在做出这一承诺时,爱彼迎密切关注千禧一代的期望,但爱彼迎的雇主品牌绝非仅仅是我们通常在品牌宣言中看到的那些大话空话,公司管理层把它看作一个庄重的承诺:"如果你在我们这里工作,并且表现良好,这就是你能期待的未来。"

更重要的是,爱彼迎的沟通对象不仅仅是全职员工。爱彼迎认为硅谷是一个由企业内部、外部和跨企业技术人员组成的生态系统,爱彼迎的信息传递不仅瞄准潜在的传统员工,也涵盖外部敏捷人才。

在全球范围内,越来越多的企业正追随着爱彼迎的步伐,它

[①] pixelwax 的原义为每个像素都要抛光打蜡,形容细致入微。——译者注

们对于传统雇佣关系的关注逐渐减少，而对于人才本身的关注则日益增加，它们会重点关注发现和配置人才的最佳方案。在这个属于敏捷人才的世界里，"员工价值主张"这个术语已经不足以说明问题，因为它关注的是全职员工和雇主之间的传统关系。我们更倾向于使用"雇主品牌"这个词，在外部专家在全时工作当量中所占比例越来越高的今天，只有将内部传统员工和外部人才同时纳入其中才是合理的。与品牌推广的其他方面一样，有针对性的交流沟通非常重要，它可以吸引和留住你所需要的人才。

提出雇主品牌只是第一步。让企业做好调整，践行品牌理念才是更大的挑战。巴布森学院（Babson College）的汤姆·达文波特指出，只有当企业能够兑现自己的承诺时，高调的品牌宣言才能让企业从竞争中脱颖而出。[4] 韬睿惠悦是一家人力资源咨询公司，它同样认为实现品牌理念知之非艰，行之维艰。事实上，在它的一次相关调查中，受访企业中对自己雇主品牌有明确规划的不足半数。[5]

20世纪70年代麻省理工学院的埃德·沙因和洛特·贝林开始研究职业定位，而后杨百翰大学的布鲁克·德尔对他们的研究进行了拓展。在他们的研究中，职业定位的种类繁多，而通过与企业高管交流，我们发现情况确实如此。在采访中，我们还发现了另外一个职业导向：越来越多年轻有为的专业人士都致力于有意义的服务事业，并且都想要在工作中为社会做出贡献。因此，今天的企业可以通过6个类型的雇主品牌来吸引敏捷人才，我们称为雇主品牌的6个关键要素（见图4-1）。

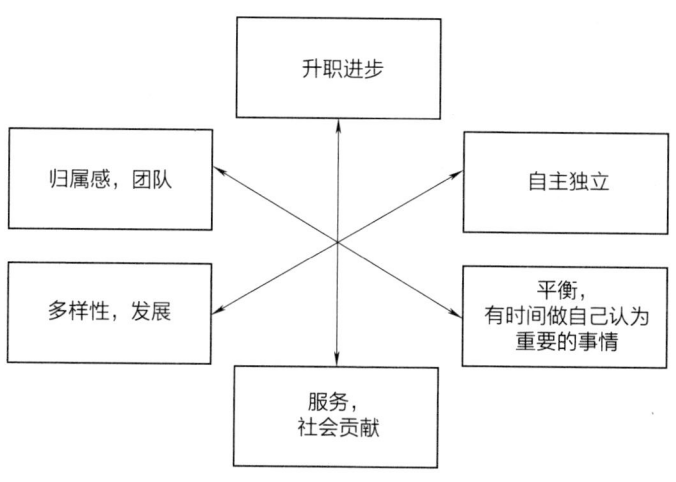

```
        ┌──────────┐
        │  升职进步  │
        └──────────┘
┌──────────┐      ┌──────────┐
│归属感，团队│      │ 自主独立  │
└──────────┘      └──────────┘
                  ┌──────────┐
┌──────────┐      │   平衡，  │
│多样性，发展│     │有时间做自己认为│
└──────────┘      │  重要的事情 │
                  └──────────┘
        ┌──────────┐
        │   服务，  │
        │  社会贡献  │
        └──────────┘
```

图 4-1　雇主品牌的 6 个关键要素

这 6 个关键要素的内涵是什么呢？

- **升职进步**：以在工作角色、地位和收入方面的提升为动力。被此类雇主品牌吸引的个人要求效力的企业能够不断地提供晋升机遇，而且提供的职位必须是重要岗位，这不仅包括在企业内部的晋升，还包括在他们的职业生涯中获得资历方面的提升。换言之，"我希望加入你的企业，因为它为我提供了机遇，可以让我向更多的责任、更大的影响力和更高的职位不断发展"。

- **归属感**：以对企业的承诺为动力。以升职进步为职业导向的个人愿意以忠诚换取回报或者机会，而以密切关系为职业导向的个人则愿意牺牲自己的回报换取归属感，并成为团队的一员。换言之，"我希望加入你的企业，因为在我为它做出贡献的基础上，它给我提供了安全感、团队感和归属感"。

- **自主独立**：以追求独立为动力。追求自主独立的个人希望企业能够提供更大的自主权，可以自己决定工作内容、工作方式、工作时间和工作地点。比如3M公司和谷歌都会让员工在工作时间中享有15%的自主支配时间。换言之，"我希望加入你的企业，因为我能够按照自己的时间规划工作，以自己的方式做我想做的事情"。
- **多样性**：以工作的多样性和挑战性为动力，渴望得到专业领域的发展。这样的人才需要新鲜感，他们害怕无聊的重复工作，他们充满热情，整个职业生涯都在不断学习。换言之，"我希望能加入你的企业，因为我能够有机会学习，做不同的事情，不断去挑战新的问题和有趣的项目"。
- **平衡**：以工作、家庭和其他优先事项的平衡为动力。比如，求职者可能刚刚迎来自己的孩子，或者家中有老人需要照顾，或者有其他感兴趣的事情，他们寻求平衡并不意味着他们的工作表现会打折扣，而是表明他们希望能在工作之外有自己的生活。换言之，"我希望加入你的企业，是因为工作固然重要，但它不是我生活的全部，我能够有机会平衡工作和我的其他生活兴趣"。
- **服务和社会贡献**：以通过工作直接或间接地为社会或特定群体做出贡献为动力。原有的雇主品牌只有5个关键要素，我们把"服务和社会贡献"加进来，作为雇主品牌的第六个关键要素。专注于服务奉献的求职者希望在自己的生活中，工作和为他人服务能够合二为一，如果企业专注于承担更广泛的社会责任，那么他们会更愿意为这样的企业效力，发挥自己的专业才能。换言之，"我希望加入你的企业，是因为我的工作能让我为社会做出积极贡献，以我认可的方式回馈社会"。

经过研究，德尔发现了职业导向的4个重要趋势。第一，职业导向总是多个导向的混合体，这是毋庸置疑的。正如精神病学家卡伦·霍尼提醒我们的那样，想要成功，就要在生活中灵活应对各种情况。第二，大多数人同时拥有一个明显的关键要素，以及若干次要的关键要素。第三，目前尚没有可信证据表明个人的工作表现和职业导向之间存在很强的相关性。第四，各种职业导向形成的最终混合体和关键要素会随着人生阶段的发展而发生变化。这很常见，比如，有些人开始有着强烈的升职进步的职业导向，但是随着生儿育女或者要照顾长辈，他们会更看重工作与生活的平衡。

上述趋势在雇主品牌概念上也同样适用。与个人职业导向一样，雇主给应聘者提供的永远不会是单一的内容，而是会有一个主要关键要素，例如，像麦肯锡或者高盛集团这样的公司对员工期望值高，公司内部竞争激烈，这对追求升职进步的求职者来说无疑是最响亮的召唤。企业到达自己所在行业巅峰的方式各不相同，路径也不是唯一的。行业动态和竞争要求在不断变化，所以雇主品牌的主要关键要素也会随着时间的推移而变化。

在老牌企业中，我们经常会发现雇主品牌存在含糊不清或者自相矛盾的情况。含糊不清反映了雇主品牌缺乏清晰明确的主要关键要素，所有的维度都是次要关键要素。如果情况是这样的，领导团队必须要考虑品牌宣言中阐述的雇主品牌与职业导向之间的关系。例如，像埃克森美孚这样的企业传统意义上吸引的是职业导向偏向安全稳定的求职者，重点寻求的人才是事业心强而且愿意为一家公司奉献终身的技术人员。与之相反，推特通常更注重升职进步和多样性。美国国务院吸引的是高质量人才，而且这些人才希望自己的工作能够服务他人，并且做好准备为这样的生活去适应不同的环境。

然而，所有职业导向都应该得到尊重和培养，否则就会产生问题。例如，一家全球性的公司针对自己极具潜力的工程专家开发了领导力项目，他们就使用了德尔的职业导向分类。这些工程师经过精挑细选，是最有可能成为公司未来领导者的一群人。他们中大多数人的职业导向属于多样性、自主独立、服务和社会贡献以及平衡。公司的几位高层领导都出席了项目最后一天的总结大会，听取了有关职业导向的概述。他们大部分人以获得升职进步和追求归属感为职业导向。面对这些未来极有可能成为公司领导者的工程师，高管们并不知道这些工程师职业导向评估的分数，其中一位高管总结了一下自己的感受："我希望你们中的一部分人能够追求升职进步，即便你们现在没这个打算也不要紧，追寻多样性的职业导向也非常好，因为你们的技术是最好的，会为我们创造商业价值。以追求归属感作为职业导向同样很好，因为你们非常忠诚，会成为公司的脊梁。但是我希望那些抱有其他职业导向的人不会太多，那些追求自治权的人可能会很难与人共事，而强调以平衡为职业导向的员工听起来似乎不太会卖力工作。"

不经意间，这位高管暗示公司未来的领导如果在职业导向上与自己不同，那么他们只能将自己的职业导向埋藏在心底。当今世界，如何选择最好的人才极为重要，采取这样狭隘的做法无疑是一个巨大的错误。敏捷人才会去寻找能够满足自己所有需求的企业，不会害怕惩罚报复，也不会忍受无意之间流露出的偏见。

树立雇主品牌，缩小差距

我们创立了五步程序法，帮助领导者提出和践行强有力的雇主品牌，从而建立合理的员工价值主张（见图4-2）。

步骤1：清晰表达

你所在企业的雇主品牌的关键要素是什么？这个问题的答案必须准确有力，必须是一个满分答案，并且要覆盖上述6个职业导向。之后，根据6个职业导向的权重情况，制定一个清晰简洁的品牌宣言，其中要包含企业对内外部人才做出的承诺，还要说明雇主品牌的主要关键要素和次要关键要素。在领英公司的一篇博文中，莉迪娅·阿博特整理编辑了一些公司制作的YouTube视频，这些视频非常有趣，令人激动，同时向大家展示了这些公司如何将自己描绘成一个理想的工作场所。[6]

图4-2 建立雇主品牌

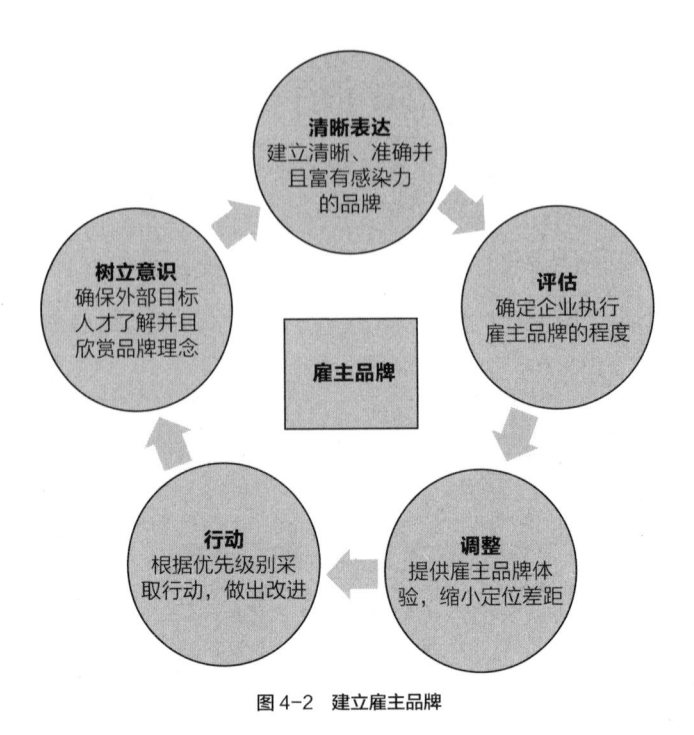

步骤2：评估

这一步是从总体上评估你所在企业的体制和工作实践是否能支撑目前的雇主品牌方向。回答好以下三个基本问题有助于更好地进行评估：

- 在践行雇主品牌方面，我们采取了哪些具体而明确的方式？
- 我们在哪些方面明显偏离自己的雇主品牌，需要如何改变？
- 我们用什么方式传递了混杂的信息，需要如何解决这种困惑？

许多企业发现，内部员工和外部专家的反馈非常有用。无论采取何种方式获取反馈，都要尽可能保证反馈的客观性，这是极其重要的。测评表 4-1 概述了一个焦点小组如何讨论上述关于企业雇主品牌的三个重要问题，同时介绍了会议讨论的典型议程。

| 测评表 4-1　针对雇主品牌征求反馈意见 |

典型的焦点小组议程：90 分钟

引导师引导整个会议，同时也担任记录员。焦点小组由 6~9 人组成，成员可以是内部员工，也可以是兼职或者临时员工。
第一步（30 分钟）：概述企业领导起草的雇主品牌宣言，同时包含问答环节。
第二步（大约 45 分钟）：引导师发起小组讨论：
- 雇主品牌给内部员工传递了怎样的信息？对于那些可能会为我们工作的外部人才，雇主品牌又给他们传递了怎样的信息？
- 我们建议雇主品牌宣言做出哪些修改？为什么？
- 为了达到雇主品牌宣言中的目标，我们在运营中应该做出哪些改变？

第三步（大约 15 分钟）：引导师回顾整场讨论，强调达成一致的方面，说明后续流程，例如，跟管理层一起进行总结回顾。

步骤 3：调整

在这一步，你需要针对之前步骤发现的问题做出改变或者改进。最有效的方法是优先处理既能增强雇主品牌又能创造实际效益的问题。跟前两步一样，回答几个简单的问题是最好的方法：

- 为了充分践行雇主品牌，我们需要开始做哪些事情？
- 为了充分践行雇主品牌，我们不能再做哪些事情？
- 我们需要做出哪些改变？
- 哪些措施行之有效，需要继续保持？

步骤 4：行动

在这一步，你需要针对雇主品牌落地实施或者持续强化方面存在的主要问题做出改进。例如，一家大型咨询公司确认企业家精神是雇主品牌中最需要提升的方面，并且对外明确表示将企业家精神作为判断高潜力人才的重要评价指标。但是，采取这项措施最终却导致许多高级经理牢牢把控客户关系，以表明自己已经具备成为合伙人的条件。所以，企业不得不寻找其他途径，为基层员工提供销售机会，并且还要培训基层员工，让其学习如何进行销售服务。

步骤 5：树立意识

创建雇主品牌当然只是第一步，企业还必须赋予雇主品牌生命力和完整性。积极努力地宣传雇主品牌是必不可少的。"我们在践行雇主品牌方面表现出色，我们如何宣传这一优势呢？"针对这个问题，你需要制订并落实相关的沟通计划。

领导者必须指明道路

当下，企业越来越多地使用外部人才，全职员工显然会意识到这一点。他们可能会感到焦虑，可能会因为项目顾问频繁地介入而感到恼火，也可能会乐意与外部专家合作，但无论如何他们都会对外部人才有自己的反应，这就需要管理层通过沟通交流来解决可能存在的问题。

做出变革的第一步是认识到变革的必要性，领导者在这里扮演着关键角色。他们需要清楚地表明企业的劳动力是如何演变的，以及为什么会发生这样的演变。这样的沟通交流会是什么样的呢？员工需要的信息应该包括企业的战略情况，企业为了实现业务战略和解决重点问题需要何种技能，以及企业如何获取这些技能和相关数据。领导者应该必须阐明企业人力资源工作的原则，包括相关的计划和内在逻辑，比如，企业人力资源工作的原则包括哪些内容，不包括哪些内容；在实践中，企业的人才战略和原则有何意义；如果人力资源需求在竞争中需要不断快速变化，将如何影响全职员工和临时员工的配比，这对企业不同部门的人员有何影响。

评估企业文化

那些对敏捷人才抱有期望或者需要更多地依赖敏捷人才的企业领导者，需要与他们进行沟通，为他们指明方向，并强调方向的重要性。这需要切实的行动。许多企业领导者希望在外部专家身上的投资能够换来他们最好的表现，这就要求领导者必须从文化和经验两个方面认真审视这些外部人才。从根本上讲，这意味着重新审视如何对待外部专家，从他们就工作关系达成协议到结束合作关系，再到他们找到新的工作机会。这里的企业文化通常是指企业在云人力资源方面的文化是否真的能调动外部专家，让他们尽最大努力发挥出所有技能和创造力。

对历来强调全职员工的企业来说，这种文化变革可能颇具挑战性。企业在人才聘用方面的理念各有不同，从历史上看，埃克森美孚是一家始终致力于研发的公司，有足够的财力去雇用公司必需的任何专业人士。

埃克森美孚主要还是秉持"自己培养"的人力资源理念。随着越来越多的外部专家参与进来，像这样的企业往往身陷企业文化困境，而破除文化困境就变得势在必行。企业文化困境主要是在信任方面，即企业里只有两种人——"我们"和"除我们之外的人"。这样的企业在与外部专家打交道的时候，很难建立信任，毕竟外部专家属于"除我们之外的人"，所以充其量只能作为工具来使用，需要积极管理，仔细监督。因此，这样的企业不太愿意接受外部专家的建议和经验，而且管理敏捷人才的方式也是设置工作规章，让敏捷人才遵守，而不是强调彼此的承诺和敏捷人才的敬业度。

要改变企业文化，领导者必须指明方向。管理者在谈论外部人才时的态度，在响应和参与有关外部人才决策时的态度，在与外部人才互动时的态度，都可以传递出强有力的信息。内部员工可谓耳聪目明，能准确接收管理者明确表达的意思和字里行间隐藏的意思。例如，一家《财富》100强企业的高管自作聪明，在说"consultants"（项目顾问）时故意发错音，说成insultants（侮辱），而且还经常如此，甚至在有项目顾问参与的会议上也如此称呼。他的下属捕捉到了他言语中的敌意，也如法炮制，同样对外部人才充满敌意。所以整个项目步履维艰，最后以失败告终，也是意料之中的事情。管理者需要注意自己传递出的信号，他们必须有效地传达公司为什么要引入外部专家，指出外部人员可以提供内部工作人员无法提供的某种附加价值，强调与外部人才良好协作的重要性。

领导者树立良好榜样的例子也不在少数。一个让我们印象格外深刻的例子是我们咨询公司为一家大型国际石化公司完成工作之后发生的事情。简而言之，我们的目标是将这家公司每年的运营成本降低1亿美元。项目非常成功，最终运营成本的控制超出了预定目标，而且公司也没有大规模裁员。令我们惊讶和高兴的是，公司的领导层和参与该项目的45名内部经理、专家为提供这项咨询服务的团队举办了庆祝活动。与项目节省的经费相比，庆祝活动的花费可以忽略不计，但是这样的社交活动让我们彼此之间的关系更加密切，不仅让我们的良好关系延续至今，而且也向整个公司传递了一个强有力的信号：外部专家也可以是合作伙伴。

引导敏捷人才，为他们的成功做好准备

企业的重要流程都要遵循清晰明确、落实到文字的规章制度。财务部门月末如何进行结算，针对管理人员滥用职权的投诉应该如何调查，相关流程不会有一丝含糊。相比之下，企业利用外部敏捷人才其实更加频繁，但是却好似新生事物，在签订合同期间和签订合同之后，很多企业几乎没有针对其整个流程的规章制度。

对外部人才进入企业初期的表现和企业如何接纳外部人才进

行有效引导至关重要。如第三章所述，企业在雇用外部人才时，很难自始至终地为外部人才提供周密而全面的引导。怡颗莓是全球最大的浆果公司，其首席执行官凯文·墨菲的做法就非常好，大家可以向他学习如何以正确的方式接纳外部人才。我们的团队隶属于 RBL 集团，怡颗莓想要外出进行领导力开发活动，为了做好准备工作，墨菲与我们见了面。在告诉我们为这个活动设立的目标前，他先与我们分享了公司的愿景、使命和价值观。怡颗莓的愿景、使命和价值观并没有什么独特之处，独特的是公司的理念以及公司根据这些原则进行决策的决心。我们和墨菲的会面持续了两个小时，我们发现我们转变了想法，也希望按照怡颗莓的想法行事。以下是墨菲的谈话内容：

怡颗莓

我们的愿景：
成为全球化的浆果企业，让我们所触达的人群生活更加丰富。
我们的使命：
联合我们的客户和浆果种植户，持续提高消费者的满意度。
我们的价值观：
我们从事的商业领域竞争非常激烈，这对从业者提出了很高的要求。为了能够与我们一道创造美好而特别的未来，我们最看重三个特质：

- 激情：超越和成就伟大的事业；

- 谦逊：尊重我们的同事和竞争对手，并向他们学习；
- 可靠：我们互相信任，彼此依靠，从而形成最强大的合力。

所以，咨询团队能够轻松地进入怡颗莓开展工作，而怡颗莓的首席执行官和公司主要成员也投入时间告诉我们，为什么我们的工作很重要，以及为什么我们的工作可以为公司应对目前面临的战略和运营挑战做出贡献。凯文将我们的工作与公司的愿景、使命紧紧联系在一起，并且阐明了我们的工作在提升公司竞争力方面为什么会发挥特别作用。他们向我们传递的信息非常清晰，释放了塑造雇主品牌的强烈信号。由于企业顺畅地接纳了我们，并且持续与我们进行沟通，让我们不断融入，所以我们的团队对企业的工作也更加用心。正如我们的一位团队成员所说："这家企业非常重视我们和我们的工作，目前我们面临的挑战是努力为企业做出重大贡献。让我们干出点儿奇迹吧。"

我们的数据表明，如果企业能像怡颗莓对待咨询团队那样，有效地为外部人才创造条件，企业最终也会受益。我们的初步研究表明，在为外部人才指明工作方向和接纳外部人才方面，感觉良好和感觉不太好的高管数量几乎一致，这种预期几乎完全符合正态分布。经常出现无法为外部人才指明工作方向的情况，绝非好事。在项目进展过程中，外部人才需要克服企业组织和企业文化方面的困难，如果外部人才对此没有清晰的理解，那么项目成功的可能性会显著降低。

在图 4-3 中，受访高管大致可以分为三组，人数也基本相等：

大约 1/3 的高管认为他们的企业在这方面做得行之有效，1/3 认为他们的企业在这方面的表现勉强可以接受，另外 1/3 表示他们对自己企业在这方面的表现比较担忧。引入宏观顾问、项目顾问或者其他敏捷人才，如果准备工作不足，未能让他们充分发挥作用，会付出多大的成本呢？推测结果并不难，显然，没有做好准备工作比做好准备工作会让我们付出更多的时间和金钱成本。

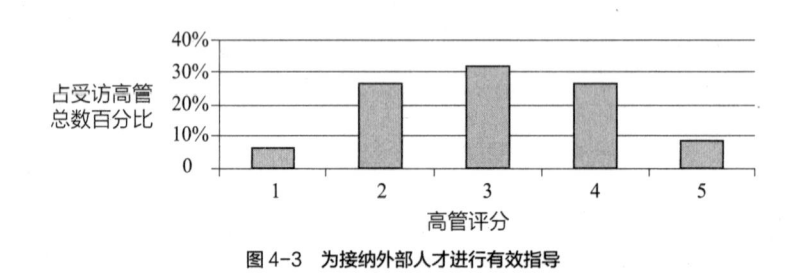

图 4-3 为接纳外部人才进行有效指导

注：来自 RBL 集团对 200 名高管进行的初步调查。我们对答案进行了统计，调查的问题是："让外部人才适应企业和企业文化方面的工作是否有效？请评分。"分数范围为 1~5，其中 1 = 不是很有效，3 = 中等，5 = 非常有效。
资料来源：RBL 集团的初步研究。

这一点非常关键。如果企业不能很好地指导外部专家了解企业的文化、价值观和工作方式，那么敏捷人才获得成功的概率便会大打折扣。各种数据表明，尽管超过 90% 的企业变革计划中的规划和方法从技术角度来看都是可行的，但是通常情况下 70% 的变革计划最终无法实现目标。文化和关系方面存在的挑战是显而易见的，外部人才理解、尊重和适应企业自身独特文化和企业之间文化细微差别的能力，与内部员工建立有效关系的能力，都决定着使用敏捷人才的成败。

美国人力资源管理学会最近出版了一本指南，其中阐明了良好的指导可以达到的效果，其他出版物中也有类似的观点。[7]根据它们的描述，外部人才在经过有效指导后，应该能够认同以下观点：

- 我知道作为一个令人尊敬的客人意味着什么。这与公司的政策、规章制度和相关文化有关。例如，在国外或者与宗教相关的企业工作，外部人才需要补足相关知识，如果不了解当地习俗或者宗教习俗势必会带来问题和困扰。
- 我理解这个项目和它的重要性。如前所述，时至今日外部专家不仅关注他们工作的意义，也会关注他们工作的完成情况和带来的影响。帮助外部人才理解为什么企业支持他们的工作，为什么这项工作极其重要，可以有效地提升外部人才的自豪感和工作效率。
- 我理解这家企业的组织规范和术语。显然，企业需要投入时间帮助外部人才了解企业的文化和价值观。正如怡颗莓的案例，外部人才了解企业的发展历程，调整自己的工作方式，并与企业的文化和工作方式保持一致。显然，学习企业和它所在行业或领域的专业术语，可以使外部人才迅速获益，因为了解企业的术语行话会让外部人才很快得到尊重，毕竟学习重要的业务语言和缩略语本身就体现了对企业的尊重。
- 我知道应该联系谁、与谁共事，以及支持谁的工作。良好的入职培训可以取得的最佳效果是外部人才可以了解企业的组织结构和关键关系，它们会影响咨询服务或者项目的成功。我们建议外部人才与企业内的两种人建立关系：一类是有权决定企业事务的人；另一类是能够拖延办事流程，有权否决企业事务的人。外部人才必须与这两类人建立良好关系，缺一不可，所以一定要悉心培养这方面的能力。

企业的支持

任何使用外部人才的项目，企业的支持都是良好开端的关键。参与我们研究的许多高管都认为，项目或者计划的成功需要高管的支持。但有趣的是，在被问及"我们对于外部人才的支持是否足够有效，是否能够保证工作成功"时，认为自己处于中等或者较差水平的高管数量甚至略微超过了受访人数的一半（见图4-4）。当企业的支持达不到项目成功需要的水平，使用外部人才不仅价格高昂而且能否成功全靠运气，这对重要任务来说绝非是好的开始。

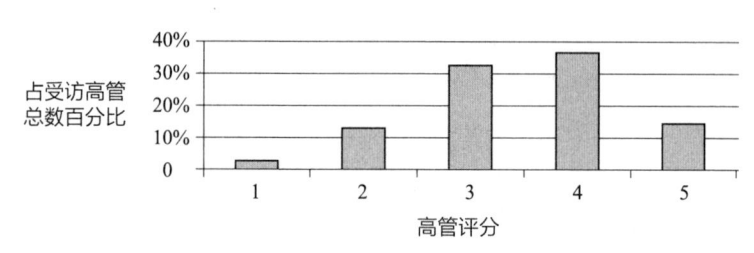

图4-4 高管是否为外部人才提供了有效的支持

注：来自 RBL 集团对 200 名高管进行的初步调查。我们对答案进行了统计，调查的问题是："我们对于外部人才的支持是否足够有效，是否能够保证工作成功？请评分。"分数范围为 1~5，其中 1 = 不是很有效，3 = 中等，5 = 非常有效。

资料来源：RBL 集团的初步研究。

预测并解决可能存在的问题

即便万事策划周全,最终也免不了不遂人愿,所以在使用敏捷人才时,一定要预测可能出现的问题。我们的调查数据在这方面很有启发性。我们提出的问题是:"你觉得自己在预测可能出现的问题和预先解决问题方面做得如何?"在回答这个问题时,我们发现高管的答案分布再次接近正态分布。好的一方面是,有很多企业确实预见到成功完成工作过程中可能存在的问题,并预先着手解决这些问题。大约有 1/4 的高管清楚,他们和他们的企业可以更好地与外部人才合作,去发现在完成任务过程中可能出现的问题(见图 4-5)。

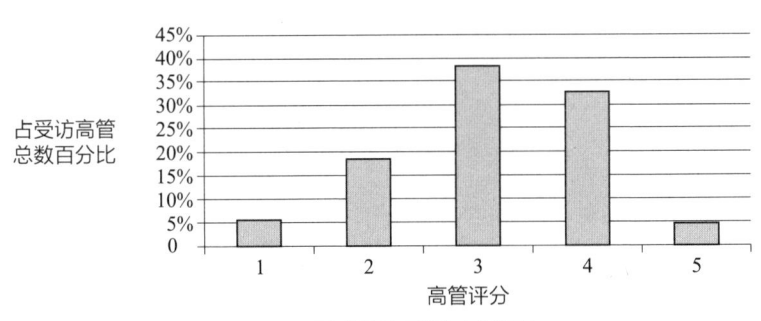

图 4-5 预测并解决可能存在的问题

注:来自 RBL 集团对 200 名高管进行的初步研究。我们对答案进行了统计,调查的问题是:"你觉得自己在预测可能出现的问题和预先解决问题方面做得如何?请评分。"分数范围为 1~5,其中 1 = 不是很好,3 = 中等,5 = 非常好。
资料来源:RBL 集团的初步研究。

沟通,沟通,再沟通

我们询问了受访高管,他们与外部敏捷人才进行沟通的频率和及时性。分析这个问题的答案时，我们同样看到了类似于其他问题的答案分布：大约20%的高管认为他们的企业必须做出改进，让敏捷人才不断获取与企业相关的最新信息。

上述发现为我们提供了一个非常有趣的视角。综合这些高管的回答，我们可以看出，评价企业在这方面的表现时，他们认为企业的表现并不仅仅是中等水平，也就是说，受访的高管认为他们对敏捷人才的指导是令人满意的，是足够好的。总体上说，他们对企业的表现谈不上高兴也谈不上不高兴。

鉴于有关变革计划成功与否的数据非常准确，即70%的变革计划最终都以失败收场，我们在考虑，企业的领导者可能对于他们在使用敏捷人才方面的表现过于乐观。即便我们仅仅是粗浅地分析了他们在调查问卷中给出的答案，也可以发现他们显然还有极大的改进空间。

| 小 结 | 在本章中，我们主要论述了顶级公司必须以不同于其他企业且更具包容性的方式来吸引、接纳和凝聚外部敏捷人才和内部员工。这种方式会对外部专家的工作动机、效率和绩效产生积极影响。在下一章中，我们将讨论企业需要平衡内外部专业人才的技能和人才的发展阶段，还会讨论内外部人才如何建立牢固的合作关系。

第五章

确保专业人才的优异表现:
即便人才不属于你,也需要培养

此前我们已经阐明了一个非常重要的观点，即企业必须进行调整，增大对敏捷人才的吸引力，更热情地欢迎敏捷人才，更好地接纳敏捷人才。通过树立雇主品牌，企业可以更有针对性地吸引自己所需的内外部人才。因为雇主品牌是合同，而非广告，企业领导者需要评估情况，发现需要改进的地方，并采取行动，缩小雇主品牌承诺的内容和实际情况的差距，以此践行雇主品牌。

在与各个领域的高管进行讨论时我们也发现，尽管许多企业依赖于外部人才，但是对高管来说，营造适应外部专家工作兴趣和职业兴趣的环境却不是他们优先开展的工作。我们的研究表明，超过半数的高管至少注意到了需要改进的方面。此外，毫无疑问，有针对性的雇主品牌、稳健的入职培训和指导，以及持续的信息共享都能为外部人才创造更高效的工作环境。如果领导者能在深思熟虑之后，努力与他们的外部专家建立更牢固的联系，那么外部人才为企业尽全力工作的概率会大幅增加，而且企业也可以继续吸引人才，实现自己的愿景和战略。

在本章，我们将回顾睿智的领导者如何保证在自己的企业里内外部人才配比合理，确保外部专家拥有企业需要的人际关系技能和战略视角，并且可以与内部同事密切协作。关于这一点我们提出了三个问题：

- 除了技术或实际应用方面的专业知识，建立良好内外部关系是否还有其他重要标准？
- 团队技能和合作意向有多么重要？
- 什么是人际交往能力和职业成熟度，重要性如何？

从最初相识到贡献力量

外部专家想要在企业中获得成功，就必须具备各种技能和行为能力，而最准确地描述这些技能和行为能力的体系被称为"职业绩效阶段"。吉恩·多尔顿和保罗·汤普森两人先后供职于哈佛商学院和杨百翰大学万豪商学院（Marriott School of Management），他们建立并发展了职业绩效阶段体系。[1]最初，他们的研究对象主要是研发类企业和工程类企业，后来，包括我们在内的其他研究人员拓展了他们的研究。[2]我们有幸在人才管理咨询公司Novations集团与多尔顿教授和汤普森教授共事多年，那时Novations集团仍在从事咨询业的工作。两位教授的研究工作对我们的研究方法产生了巨大影响。

多尔顿和汤普森的职业发展概念与强调技术深度的专业知识描述不同，他们发现，拥有成功职业生涯的专业人才经历了4个不同的发展阶段（见表5-1）。这些专业人才从一个阶段转入下一个阶段时遇到的挑战是需要放弃此前让他们成功的行为，学习和掌握下一个阶段所需要的新技能和新视角。

表 5-1　职业绩效阶段

阶　段	在本阶段专业人才为企业做出贡献的方式
第一阶段：助手，学徒	赢得信任，学习工作内容和企业文化
第二阶段：独立工作并做出贡献的员工或专家	建立可信度，展示专业能力
第三阶段：导师，教练	通过培养他人为企业做出贡献，协调不同团队之间的工作
第四阶段：领导者，战略家	塑造或者影响企业的发展方向

第一阶段：赢得信任和帮助，并善于学习

第一阶段的专业人才都是新手，在这个阶段的成功者充当助手，帮助他人，学习知识并赢得他人的信任。第一阶段的工作是熟悉自己从事的行业，建立自己在技术方面的声誉，培养文化洞察力和必需的人际关系，这样才能以正确的方式与合适的同事一起做正确的事情。表5-2总结了第一阶段专业人才的工作。

愿意接受监督是第一阶段成功的关键。个人能力未经证实，在企业中又没有地位，作为新手会受到密切监督，直到自己能够

表 5-2　第一阶段的成功者如何开展工作

1	能够在领导的密切监督下进行工作
2	愿意接受指导，承认自己在企业中地位较低且缺乏经验
3	作为团队一员，与他人合作
4	完成基础性工作，赢得同事信任
5	在他人的指导下打磨自身创造力，培养创新精神
6	面对压力依旧表现良好，在约定范围内交付任务
7	学习企业文化，了解在这里自己该如何工作

管理自己的工作并形成有效的工作关系。第一阶段的成功者会欣然接受这些限制，并努力克服它们。

在第一阶段取得成功的第二个关键因素是要有文化洞察力。在这个阶段表现出众的专业人才都表现出了文化洞察力方面的优势。每个企业都有自己独特的做事方式，处于第一阶段的专业人才应该理解企业的价值观和标准规范，并据此行事。

在第一阶段，创造力和主动性固然重要，但在专业人才展示出自己的技术能力和赢得企业信任之前，他们缺乏令人信服的资质给企业推荐更好的做事方法。

在所有职业绩效阶段，导师都扮演着至关重要的角色，第一阶段尤其如此。好的导师将你领入职场大门，耐心介绍，提供实用的建议和内容充实的职业指导。处于第一阶段的聪明的专业人才，或者所有阶段的专业人才都能认识到，想要建立导师与学生双方都满意的关系，核心是互利互惠，对师徒关系来说也是如此。我们将在后文详细讨论导师制度。

我们在早期也有自己的导师，那时我们还在埃克森美孚工作，导师对我们的工作产生了巨大的影响。乔恩和赫布·谢泼德有着广泛的合作，赫布·谢泼德可以说是"组织发展之父"，也是美国国家训练实验室的创始人之一。谢泼德教会了乔恩如何与高管合作，如何在变革管理中保持耐心。我们两个人都有幸与汤普森共事，他是外部专家，也是我们在埃克森美孚时的导师。

像谢泼德和汤普森这样的导师，为年轻的甚至岁数稍大的知识工作者提供了一面映照现实的镜子，看到导师的工作后，他们会努力工作，向导师展示他们具备获得成功的条件。这种互利互惠关系对师徒双方来说都是成功的关键，学徒向更有经验、更睿智的专业人士学习，而导师则得到一个阳光上进、努力勤奋的学徒来帮助他完成工作。

专业人才会在第一阶段停留多久？坏消息是有一部分人从未离开过这个阶段，他们在技术方面没有进步，没有建立专业方面的可信度，也没有找到清晰的方向。

第二阶段：独立工作

职业发展的第二阶段是技术型或者实际应用型专业人才"上岸"的阶段。个人的技术已经成熟，专业知识也得到业界认可，在这个阶段，佼佼者的技术必须出众，但是仅有出众的技术是不够的，他必须具备可信度并建立人际关系，才能成为公认的专家，才能因为自己的专业知识而得到雇用。

多尔顿和汤普森将这种从学徒到专家的转变描述为管理关系

从密切监督到更广泛的引领性指导的重新谈判。在第二个阶段，企业需要个人展示出解决问题所需的技术专长，清楚自己的责任，主动履行承诺，头脑灵活，能够克服障碍，并且得到企业内外部同事的信任。表5-3总结了第二阶段专业人才的技能。

表5-3 第二阶段的佼佼者如何开展工作

1	能够独立工作，创造显著价值
2	在某一专业技术或者实际应用领域建立可信度
3	调整管理关系，从接受密切监督转变为接受更广泛的指导
4	在工作质量、可靠性和兑现承诺等方面打造声誉
5	足智多谋，能够解决问题、克服困难
6	对于工作结果，个人愿意主动承担责任
7	建立牢固的同事关系

处于第二阶段的员工，部分人会有较强的进取心，积极努力地脱颖而出，让自己的贡献得到认可。在这个阶段，专业人才会经历竞争和合作的博弈。处于第二阶段的员工必须培养团队技能，跟他人合作，对他人产生影响。几年前，谷歌人力运营团队的研究打破了偶像专家的神话，那些在实验室内等候困难挑战，并如英雄般解决问题的专家走下神坛。专业人才不仅会被动地应对问题，同样也需要走出实验室，掌握工作主动权。

许多专家倾向于停留在第二阶段，我们将他们中最成功的那些人称为第二阶段的超级专家。始终保持在第二阶段绝非易事，这需要专家随着时间的推移始终站在技术浪潮的潮头。在某些技术和实际应用领域，这绝对是严苛的挑战。汤姆·琼斯是电气和电子工程师协会（IEEE）会员，也是北卡罗来纳大学的校长，他认为工程学学位也有半衰期，周期大概是 10 年左右。琼斯假定普通工程师的职业生涯超过 40 年，那么他需要花费大约 9600 小时才能保持自己的知识不落伍，9600 小时是他获得自己工程学学位所需时间的两倍。[3] 所以第二阶段的超级专家具备极高的价值，收入颇丰，因为他们确实非常稀有。技术的实际应用在不断演化，技术理论在不断更新，大家普遍认为新近毕业的学生可以提供更新颖、更便宜的专业知识。

对于第二阶段的专业人才，他们的绩效最终受到两个因素的限制。第一个因素是他们的个人技能或专长。安德斯·艾利克森在和他人合著的书中，提出了一万小时定律，定律认为专业知识是实践和经验的产物，他说得非常准确。[4] 第二个因素是时间。无论在技术层面和人际关系层面专家有多么优秀，如果想要提高生产力、地位和责任感，那么他就需要想办法让自己的贡献超出自己所能完成的工作。这是专业人才在第三阶段需要应对的挑战。

第三阶段：通过他人提升贡献

想要超越个人极限做出贡献，关键是能够利用他人的努力，这是第三阶段的挑战。在这个阶段，专家应该能够通过其他人为企业做出贡献，其中最典型的方式就是担任企业委任的管理者。然而，对在第三阶段表现出众的专业人才来说，他们还有其他方式。

什么样的专业人才才是第三阶段的佼佼者呢？他们必须在自己的技术领域始终立于潮头。随着时间的推移，他们专业知识的广度弥补了深度的不足，这让他们能够从宏观层面看待技术，并分享自己的观点，从而把诸多技术联系起来，还可以统筹各种技术需求和业务需求。简而言之，处于第三阶段的专业人才是整合者，也是优化者。[5] 表5-4概述了处于这个阶段的专业人才的个人能力。

表5-4 第三阶段的佼佼者如何开展工作

1	在技术领域始终与时俱进
2	拓展自己的视野和技能，帮助其他人从宏观角度看问题
3	帮助同事，为他们提供观点、知识和深刻的见解
4	培养年轻同事，虽然自己不是专职管理人员、意见领袖、项目领导或者专职导师，但是却能发挥同样的作用
5	与企业内外部人员建立关系密切的人际网络
6	能够代表自己的团队或者整个企业，与内外部团队进行交流

第三阶段的佼佼者能够建立人际网络，发展关系——他们能够建立并维系强大的关系网络，完成工作，与相关人员保持联系。更重要的是，第三阶段的佼佼者既是教练员也是"伯乐"，其重要标志是能够指导经验不足的同事。

第四阶段：确定企业的方向

从第二阶段过渡到第三阶段，需要专业人才突破个人贡献的限制。第四阶段同样也需要重大的转变，即指导企业战略或者影响企业战略。我们认为第四阶段的佼佼者是指明企业方向的人。职业发展的这个阶段需要由外而内的视角,对于大型企业不断变化的战略需要有深刻的见地,有能力清晰、简洁并且令人信服地表达自己的观点(见表5-5)。

表5-5　第四阶段的佼佼者如何开展工作

1	为企业确定战略焦点
2	影响企业的重要决策和行动
3	引领企业在系统、流程和实践等领域的变革
4	根据企业的战略目标打造企业能力
5	通过行使权力或者发挥影响力为企业谋利,并会做出艰难的抉择
6	支持有潜力的员工,考察并培养员工,使他们能更好地承担自己未来的重要角色
7	向利益相关方展示企业

虽然这些技能看起来是管理人员而非技术人员应该具备的技能,但是我们发现许多处于第四阶段的专业人才都具备这些技能,特别是在技术导向型的企业中更是如此。一位地质学家曾在一家大型石油企业担任首席地质专家,而他现在是高级技术主管,他当然处于第四阶段。他如此描述自己的角色:"我的任务是确保公司拥有勘探到石油和天然气的手段、人才和文化。"

我们已经讨论了技术领域第四阶段专业人才的情况,特别是其中的佼佼者需要的技能。无论他们的职位是否是管理职位,他们在企业中的角色都需要扎实的领导技能。这意味着他们对企业未来需要有清晰的愿景,需要从试图产生影响转变为对权力负责,还需要知道如何推进工作，促成真正的变革。

在领导梯队评估中，我们有时会发现某些企业没有任何处于第四阶段的领导者。在这样的情况下，整个企业都会受到影响，整体绩效也会大打折扣。究其原因，是没有人为重要的项目设定方向或者提供资源。处于第四阶段的领导者，无论是管理人员还是技术人员，对企业来说都是至关重要的，他们需要为企业设定愿景，进行基础建设，确保企业的一切事务在此基础上顺畅运行。在企业面临困惑时，由于普通员工缺少责任感并且能力平平，领导者就必须要做出抉择或者妥协。如果没有做出准确的抉择和适当的妥协，企业的绩效就会很糟糕。

驱动发展的因素

在对职业阶段的研究中，有一项发现非常有趣，即性别或者年龄并不是决定职业阶段的关键性因素。女性在第三阶段和第四阶段人群中的比例略低，但是与男性的差距微乎其微，并且这个差距还在不断缩小，如表5-6所示，年龄似乎并不是决定职业发展阶段的关键性因素。此外，毕业院校的声望大小、所从事的专业领域或者所持学位高低，与职业阶段的关联度很小甚至完全没有关系。影响个人处于哪个职业阶段的主要因素是接受的管理方式，以及在职业成长和发展方面得到的机遇。[6]

同级别的同事之间，绩效表现也会有不同，那么职业发展阶段和这种绩效表现之间是否存在关系呢？答案显然是肯定的。我

表 5-6 职业发展阶段的平均年龄

职业发展阶段	平均年龄
第一阶段：助手，学徒	38
第二阶段：独立工作并做出贡献的员工或专家	38
第三阶段：导师，教练	39
第四阶段：领导者，战略家	41

资料来源：Jon Younger and Kurt Sandholtz, "Helping R&D Professionals Build Successful Careers," *Research and Technology Management* 60, no. 6 (November–December 1997).

们几年前与行业市场调查研究机构 IRI 公司合作，研究对象是在各种技术型企业工作的管理人员，我们要求他们评估一下他们下属的绩效价值，即根据员工所处的职业发展阶段，分别对员工进行评估。得出的数据非常清晰（见图 5-1）。[7]

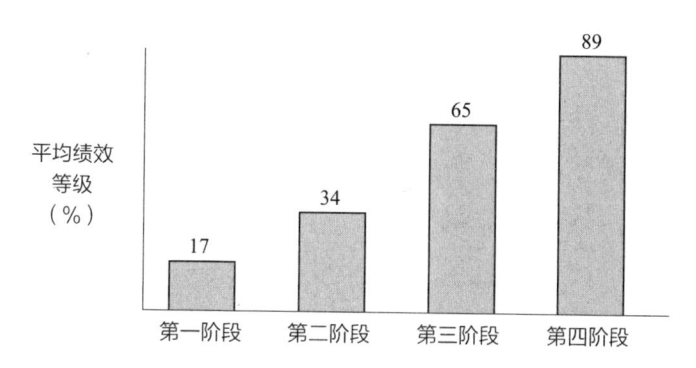

平均绩效等级（%）

第一阶段	第二阶段	第三阶段	第四阶段
17	34	65	89

图 5-1 员工的职业发展阶段和得到上级认可的绩效表现之间的关系

注：简单来讲，第一阶段基本相当于学徒水平，第二阶段相当于独立工作并做出贡献的员工或者专家，第三阶段是导师或者教练，第四阶段是领导或主管。

资料来源：Gene W. Dalton and Paul H. Thompson, *Novations: Strategies for Career Management* (Glenview, IL: Scott Foresman, 1986); Jon Younger and Kurt Sandholtz, "Helping R&D Professionals Build Successful Careers," *Research Technology Management* 40, no. 6 (November–December 1997).

第五章　确保专业人才的优异表现：即便人才不属于你，也需要培养

如何利用职业阶段模型来寻觅和支持外部人才

职业阶段模型为我们提供了一个非常有趣且实用的视角去看待技术专家和专业人才。领导者可以利用它提供的具体方法更好地选择外部专家，并且提升外部专家的绩效水平。

不能仅有专业技术

在各个职业阶段，显然技术专长是必需的技能，但是仅有技术专长是不够的。相反，我们建议拓宽思路，去思考外部敏捷人才成功所需的条件。在我们看来，敏捷人才要想获得成功需要具备技术技能、可信度、可靠性和人际关系技能，只有具备这些技能和能力的人才才能在他人需要技术或技能支持时伸出援手。

我们采访过许多高管和专业技术人员，也给他们授课，他们都反复强调这一点。技术型和实用型专家不能仅仅是自己擅长领域的专家，他们必须善于与他人合作，让他人生产他们设计的产品，执行他们的分析结果，采纳他们提出的建议，而且这些专家必须充分理解企业的文化和规范，在充分了解和尊重企业实际的前提下开展工作。如果他们无法满足这些要求，即使他们学术造诣高深、技术能力出众也无法成功。这就是为什么两个技术才能相当的人才，职业轨迹和做出的贡献可能会截然不同，也是为什么有些专业人才会选择永远待在第一阶段或者永远停留在第二阶段。

曾几何时，人们仅仅把专家视为技术人才，觉得典型的科学家都是把自己锁在实验室里，无法有效地与他人合作，虽然他们聪慧过人，却自大傲慢，待人接物粗鲁生硬。职业发展阶段的研究推翻了这一传统而带偏见的观点。这项研究提供了一种有助于我们了解专业人才的观点：处于第二阶段的专业人才不仅展现出良好的专业才能，更有能力与同事进行合作；处于第三阶段的专业人才从英雄式的、独立工作的专家转型成为教练或导师，通过他人的努力来为企业做出贡献；而处于第四阶段的专业人才会成为战略家和倡议者，影响并塑造企业未来的发展方向。

教授并利用好职业阶段模型

通过云人力资源寻觅敏捷人才时，职业阶段模型最典型的应用是就该模型进行交流和培训，用它作为工具确定人才需求，评估内外部专家人才。包括埃克森美孚、英特尔、雪佛兰和麦克森在内的知名全球性企业已经发现，职业阶段模型不仅可以评估个人的职业阶段，也可以用来评估团队或者企业整体的职业阶段，而且易懂好用。

将工作和职业阶段相匹配

职业阶段模型的第二个重要应用是领导者可以利用它更准确地确定外部人才需要达到的职业阶段，并且据此给外部人才分配任务和划定责任。例如，一位生物技术经理需要为自己的团队招募一名签订短期合同的研究员，他通常会从技术资格和工作经验角度来提出应聘者需要的技能和经验。如果能够清楚这位经理希望这名合同制研究员能够填补团队哪个职业阶段的空缺，那么在寻找和确定人才时所需的研究经历和证书资质，无论是在细节还是在重点上都会更加精确。招募来的人才在职业阶段方面需要扮演怎样的角色；他需要处在第二阶段、第三阶段还是第四阶段，这样的定位对应聘者能力和经验的要求会更加清晰。测评表5-1可以方便地评估个人职业阶段和你希望敏捷人才承担的工作。

我们建议通过三步来确定个人的职业阶段：

第一，哪个阶段的描述最符合评测对象的行为。

确定哪个职业阶段的描述最贴近测评对象的总体表现，比如个人在与同事、下属和上级的关系中扮演怎样的角色，比如个人能力以及与他人合作的效率如何。在这一步中，需要忽略个人已经承担的角色和所在的职位。实际上，许多管理人员仅仅处于第二阶段，尽管他们应该扮演领导和导师的角色，而许多并非处于管理职位的员工却提供了第三阶段要求的教导或指导。从多个视角观察个人职业阶段非常有益，不同的员工会有不同的视角，对同一个人的工作可能也会有不同的看法。

第二，评估对象是否从一个阶段过渡到下一个阶段了。

职业阶段是一种渐进模式，而非一成不变。通常情况下，专业人才都处于从一个阶段向下一个阶段的过渡之中，这一点非常重要。如果你处于过渡状态，比如一只脚已经跨入了第三阶段，而另一只脚还停留在第二阶段，那么你所扮演的角色会与完全处于第二阶段或者完全处于第三阶段的人不同。我们需要认识到这一点。在给员工分配任务的时候，无论他是内部人才还是外部人才，他承担的任务都应该反映出他所处的状态。

| 测评表 5-1　评估个人或者工作所处的职业阶段 |

利用这个测评表比较 4 个职业阶段应具备的条件和资格，确定评估对象适合哪个阶段。如果某个职位需要使用敏捷人才，也可以用这个测评表评估该职位。

第一阶段：赢得信任	第二阶段：独立工作
· 能够在领导的密切监督下进行工作； · 愿意接受指导，承认自己在企业中地位较低且缺乏经验； · 作为团队一员，与他人合作； · 完成基础性工作，赢得同事信任； · 在他人的指导下打磨自身创造力，培养创新精神； · 面对压力依旧表现良好，在约定范围内交付任务； · 学习企业文化，了解在这里自己该如何工作	· 能够独立工作，创造显著价值； · 在某一专业技术或者职能领域建立可信度； · 调整管理关系，从接受密切监督转变为接受更广泛的指导； · 在工作质量、可靠性和兑现承诺等方面打造声誉； · 足智多谋，能够解决问题、克服困难； · 对于工作结果，个人愿意主动承担责任； · 建立牢固的同事关系
第三阶段：利用他人	第四阶段：确定企业方向
· 在技术领域始终与时俱进； · 拓展自己的视野和技能，帮助其他人从宏观角度看问题； · 帮助同事，为他们提供观点、知识和深刻的见解； · 培养年轻同事，虽然自己不是专职管理人员、意见领袖、项目领导或者专职导师，但是能发挥同样的作用； · 与企业内外部人员建立关系密切的人际网络； · 能够代表自己的团队或者整个企业，与内外部团队进行交流	· 为企业确定战略焦点； · 影响企业的重要决策和行动； · 引领企业在系统、流程和实践等领域的变革； · 根据企业的战略目标打造企业能力； · 通过行使权力或发挥影响力为企业谋利，并会做出艰难的抉择； · 支持有潜力的员工，考察并培养员工，使他们能更好地承担未来的重要角色； · 向利益相关方展示企业

第三，企业及其背景因素是否影响个人职业阶段的表现。

如果有影响，具体的影响因素有哪些？特别是在与外部人才合作时，了解可能影响到他们绩效的外部和背景因素非常重要。企业方面的因素包括企业如何使用外部人才，赋予外部人才什么样的角色，以及管理外部人才的方式。如果部分员工必须与外部人才一起工作，那么如何与外部人才进行工作沟通也是企业方面的因素。例如，如果外部人才主管刚刚跨入职业发展的第二阶段，那么这位主管的管理手段可能较为强硬。和外部人才比较，如果团队里的内部员工所处的职业阶段较高，他们可能会低估外部人才为企业做出贡献的能力；如果团队里的内部员工所处的职业阶段较低，内外部人才可能很难进行真正的合作。外部因素可能也会产生影响。许多人可能当时正面临孩子年幼或者父母年迈的困难，这两种情况通常会占用他们很多时间。因此，为了照顾家庭方面的需求，有的人可能会主动选择停留在较低的职业阶段，只承担该阶段的角色，减少工作时间和出差时间。

关于使用职业阶段模型有三点建议：

第一，首先从企业自身开始。例如，如果推特有兴趣通过签订短期合同来寻觅一名高级软件开发人员，那么高级软件开发人员中的"高级"二字是什么意思呢？我们觉得"高级"两个字应该有更广泛的意义，它不应该仅仅局限于技术方面的经验。无论是明确提出还是隐含在字里行间，我认为招聘说明应该包含高级软件开发人员所需的其他关键成功要素。职业阶段模型为我们提供了易于理解且有数据可考的参照标准。

第二，对于可能会获得聘用的应聘者，评估他的职业阶段。如前所述，评估员工的职业阶段非常重要。然而，处理外部敏捷人才的时候，领导者要想在简单的面试中确定应聘者的职业阶段可能会有些困难，但是如果能跳出面试对应聘者进行评估，问题便迎刃而解。领导者可以向应聘者此前工作的企业或者合作的同事了解情况；可以将职业阶段的简介发给他此前的同事，然后询问应聘者的工作方式符合哪个职业阶段。切记，职业阶段并不是性格测试，它描述的是专业人才在职业发展的不同阶段开展工作的方式。

第三，决定合适的人选。首先要对该项工作的职业阶段进行评估；其次对将要承担项目或者签署短期合同提供咨询服务的应聘者，进行职业阶段的评估；最后确定哪个应聘者适合该项工作和工作团队。在这个阶段，我们需要关注应聘者的具体工作经验和性格特征。

协调同事和上下级关系

我们需要确保内外部专家一起工作的时候，彼此之间不会有巨大的隔阂，如果你选择内部员工担任管理人员负责外部专家参与的项目，这一点就更加重要。让职业生涯处于第二阶段的内部项目负责人去管理处于第三阶段或者第四阶段的外部专家，这显然是行不通的，但是这样的情况屡见不鲜，而结果也都是灾难性的；反过来，项目进展也会举步维艰。外部人才或者外部团队处于初级职业阶段，而项目负责人则已经在职业阶段中处于高级水平，项目工作的质量和进度很可能会让负责人感到沮丧。要想让外部专家创造出较高的绩效，应该如何进行内部项目管理呢？职业阶段的研究表明：内部项目经理必须处于职业阶段的第三阶段或者更高层次，或者至少正在迅速而显著地踏入第三阶段。如果项目经理处于第二阶段，他会更倾向于与他人竞争，这会降低外部人才的绩效。例如，我们曾与一家大型投资银行合作，帮助他们制订加速其培养领导者的计划。这个项目合乎时宜，与战略业务目标密切相关，公司高管对于项目的成败也高度关注。然而因为项目参与人员的职业阶段配置不当，结果项目无果而终。银行指派了一位年轻员工与项目咨询团队合作，为咨询团队提供支持。这个人雄心勃勃，处于职业阶段模型的第二阶段，他不仅没有与咨询团队合作并提供支持，反而认为彼此之间是竞争关系，执拗地控制着咨询团队与银行之间的沟通。这造成了项目完成时间严重拖延，最终导致银行放弃了该项目。

谷歌在公司内部开展了一项研究，研究对象是"好"的管理行为和"坏"的管理行为，他们进一步深化了职业阶段研究。谷歌的人力资源部门经过深入分析，列出了一系列行为，对熟悉职业阶段研究的人来说，研究结果并不值得惊讶，但是谷歌人力资源团队确实有所顿悟（见表5-7）。表5-7的左列是该研究中对第三阶段的完整描述。[8]

职业阶段不同于等级制度

很多人从企业层级结构的角度出发去理解4个职业阶段，这有

表 5-7　谷歌对内部管理行为的分析

好的管理行为	管理者的三个问题
·做一个好教练； ·赋能团队，不进行微观管理； ·关心团队成员的成功和幸福； ·不要唯唯诺诺，要高效，以结果为导向； ·沟通能力强，倾听团队声音； ·帮助员工进行职业规划； ·对团队未来有清晰的愿景和战略； ·掌握专业技术技能，可以为团队提供建议	·难以处理团队变革； ·在绩效管理和职业规划方面缺乏长期方案； ·在管理和沟通方面投入时间太少

资料来源：Adam Bryant, "Google's quest to build a better boss," *New York Times*, March 12, 2011, http://www.nytimes.com/2011/03/13/business/13hire.html.

一定的道理，因为随着专业人才在企业内工作时间的增加，人们对于他们的工作方式肯定会有不同的期望。例如，某位员工在 25 岁的时候被认为表现出色，但是如果他在 35 岁的时候仍旧以同样的方式工作，管理人员就会思考他到底出了什么问题。此外，没有必要限制处于第三阶段员工的人数。第三阶段的角色不需要正式的领导职位，他们可以是为企业默默奉献的技术人员，只不过他们奉献的本质已经发生了变化。比如，信息技术、人力资源和财务方面的业务伙伴，他们可以处于职业阶段的第一、第二或者第三阶段。处于第一阶段的业务伙伴会倾向于在他人的指导下执行项目；处于第三阶段的业务伙伴会把业务需求转化为自己职能内的项目。我们曾经与许多企业合作过，所有企业都缺乏处于第三阶段的人员。处于第三阶段的专业人才通常是项目成功的关键，因为他们很多并不是专职管理人员，而是从事技术工作或者非常贴近客户需求的专业人才，他们可以整合他人的工作，让工作取得良好效果。

确定团队的最佳组合

有句话叫"组合创造奇迹",确定团队成员职业阶段的最佳组合也是这个道理。许多技术型企业,比如 IBM 和微软,通常会将内部软件开发人员和外部敏捷人才混编,组成一个开发团队。那么,团队在职业阶段方面应该怎样组合,才能让专业人才充分发挥作用,达到企业的目标要求呢?

事实上,IBM 在几年前就仔细研究了这个问题。负责该项研究的负责人注意到,一些被誉为超级团队的软件开发团队从进度、成本和人数等方面综合衡量,效率是其他团队的好几倍。研究人员深入研究了超级团队和其他团队之间的不同。

他们发现两种团队最大的区别在于是否根据职业阶段的理念配置人员。最成功的团队在项目的每个阶段都合理配置了 4 个职业阶段的专家,这些专家针对项目各个阶段的特点承担特定角色(见图 5-2)。

| 第一或第二阶段
完成工作 | + | 第三阶段
管理、指导和协调 | + | 第四阶段
领导、资源
整合和保护 |

图 5-2 超级团队实现了职业阶段和项目角色的正确配置

相比之下,表现较差的项目团队处于第三阶段和第四阶段的成员人数不足,而他们缩小差距的办法通常是在关键时刻更多地招募处于第一阶段和第二阶段的成员,然而这种方法通常会增加成本、拖延工期。[9]

缩小差距

针对敏捷人才,确定正确的职业阶段组合,一共分为5个步骤。测评表5-2提供了职业阶段的简单框架,说明了每个阶段专业人才承担的角色、同事之间的人际关系、所承担角色的要求以及绩效杠杆,即每个阶段专业人才如何创造价值。

| 测评表 5-2 团队中外部人才和内部人才在职业阶段方面的组合配比 |

阅读下文了解如何使用本测评表。

	第一阶段	第二阶段	第三阶段	第四阶段
角色	助手,学生	独立做出贡献的员工	通过他人做出贡献	塑造企业方向
关系	学徒	同事,专家	管理人员,导师,意见领袖,项目领导	领导者,战略家
角色调整	依赖他人	自我管理,承担责任	为他人承担责任	使用权力
做出贡献的方式	辅助他人	专业技能	整合优化	改变领导方式

运用这份测评表,需要按照下面步骤进行:

第一，回顾职业阶段。在大致了解职业阶段后你会发现，如果你能区分那些成功人士所处的职业阶段或者给出每个阶段极具代表性的人物，就会非常有用。给评估对象提供对标人物，让职业阶段不再是抽象概念，这一步非常实用。

第二，对现有人才，无论是内部人才还是外部人才，已签署合同的还是口头咨询的，都应按照职业阶段分类。对于那些处于职业阶段过渡期的人员，需要标明他们是否已经取得足够的进步去胜任更高阶段的工作。

第三，按照职业阶段组合人才，确定企业现在和未来一两年的最佳人才组合，也就是说，需要如何组合各个职业阶段的人才，才能以高绩效、高水准完成职能团队或者技术团队的工作甚至整个企业的工作。根据评估，确定最终人才组合。确定人才组合结构以后，就可以确定"现在的水平"和"应该达到的水平"之间的差距。

第四，制订计划，缩小差距。在这一步，需要回到我们在第三章中提到的战略人力资源矩阵，图3-1是矩阵的具体内容。内部人才和敏捷人才怎样组合最有可能改善企业工作的效果、提升工作的效率？在何种情况下培养、购买或者雇用人才？先决条件又是什么？

第五，采取行动，实施计划。行动大致可分为三类。第一类，如何改变人才组合，使企业能够更好地利用敏捷人才，那就是根据战略人力资源矩阵来做决定。第二类，如何调整内部人才构成，弥补敏捷人才人力资源计划的不足。例如，如果项目经理缺乏第三阶段的技能，企业要如何加速培养他们的个人能力，才能让他们最大限度地利用与企业签订短期合同的工作人员和其他外部人才。第三类，根据职业阶段模型，组合外部人才创造价值。组合结构要清晰、稳定，建立绩效评估和反馈流程，保证敏捷人才的要求得到满足。

| 小　结 | 职业阶段的应用范围很广，本章我们仅仅回顾了其中几个。利用职业阶段模型，可以帮助我们回答一个根本问题，即"如果想成为大家眼中工作出类拔萃的人才，我该怎么做？"几年前，我们做过一个研究，调查对象是技术领域的专业人才，当被问及"想要在这家企业中取得成功，你是否知道该怎么做"时，仅有 43% 的受访者给出肯定回答。无论你是管理人员还是普通员工，如果能够了解如何应用职业阶段模型，那么这个百分比会提升到 80%。

专家可能会是内部员工，也可能是外部合作伙伴。现在，我们已经了解了如何吸引、招募和发展敏捷人才，如何让他们融入企业，在下一章，针对如何提升外部敏捷人才的效率，如何在混编团队中规划、协调责任，如何让外部人才更好地融入你的企业，我们会介绍一些非常实用的方法。

第六章

让人才融入企业,内外部人才通力合作

在前面的章节中，我们说明了企业对待外部敏捷人才的方式不同，外部人才的工作效率和敬业度也不同。花费时间和精力让外部人才适应工作任务，帮助他们理解自己必须完成的工作目标，为他们介绍企业文化，安排他们与即将共事的内部员工进行初次会面，所有这些事情都非常重要。这些事情对敏捷人才随后的工作绩效影响极大，同时也会影响到与他们合作的以及为他们提供支持工作的相关人员。

研究人员描述敬业度的方式很多，比如"对工作场所的奉献程度""通过这个过程增加员工的奉献意识和持续性，从而实现卓越业绩"。衡量敬业度时，研究人员通常会采用调查访问的方法，也总是会要求受访者说明自己是否符合下述情况：

——我为在这家公司工作感到自豪。

——我为工作付出了100%的努力。

——我会向朋友推荐这个企业。

——这项工作令人充满活力，使我特别兴奋。

——我喜欢在工作中遇到的挑战。

——我会在工作中尽最大的努力。

敬业度对于个人绩效和工作动机的影响非常明显。库尔特·科夫曼是《首先，打破一切规则》（First, Break All the Rules）一书的作者之一，他认为高度敬业的员工"会主动了解他人期望自己在工作中扮演何种角色，这样他们能够达成目标甚至超越目标。他们天生充满好奇心……工作始终保持在较高的水平。他们希望在每天的工作中能够发挥自己的才能和优势。他们在工作中总是充满热情，对企业有发自内心的认同感。他们推动创新使企业向前发展"。[1]

敬业度高的员工工作表现更好，更有可能向潜在员工和客户推荐自己的公司，并表现出更高的企业忠诚度。值得注意的是，最近几年，敬业度一直呈整体不断下降的趋势。盖洛普最新研究表明，过去10年，全球范围内员工敬业度不断下滑，仅有13%的员工认为自己对企业敬业度很高；近2/3的员工对其最确切的描述是"没有完全投入"，他们对企业更倾向于持中立态度；剩下的员工则是"完全游离于企业之外"，对企业漠不关心，除了保住工作所必需的付出，他们不愿意多付出一分。[2]

在敬业度方面，敏捷人才和内部员工没有区别。敬业度高的外部专家更有可能付出 100% 的努力，他们更愿意将本来可以自由支配的时间投入企业中、投入项目中。他们在与其他外部专家和内部员工工作的时候合作意愿更强。另外，事实证明，敬业度也与企业绩效呈正相关。

给予外部人才 VOI^{2}C^{2}E

哪些因素可以提高敬业度呢？在教学和咨询工作中，针对敬业度，我们提出了 VOI^{2}C^{2}E 的概念。这个概念最早是 RBL 集团提出的，那时我们的同事戴维·尤里奇在为通用电气的群策群力项目工作，他在自己的工作中提出了这个概念。这个概念描述了敬业度的 7 个关键驱动因素：

- **愿景**：领导者对企业未来有清晰的认识，只有这样才能让员工全身心投入，感到自豪。员工知道、理解并且支持企业的愿景，愿意为实现愿景贡献自己的力量。员工明白工作不仅仅是谋生手段，更有重要意义。
- **机遇**：这份工作为员工的个人发展和职业发展提供了机会，鼓励和支持发展进步。员工通过接受继续教育，承担工作责任和发展人际关系，体现个人价值，成就个人发展。
- **影响**：工作本身具有积极影响，有重要意义。员工可以看到自己为企业工作而产生的切实结果。
- **激励**：员工优秀的表现是企业期待的，也会得到企业的认可，员工也会在经济方面和职业发展机遇方面获得奖励。

- **沟通**：对影响到员工本人工作、影响到同事和影响到企业全局的最新情况，员工都非常清楚。企业和员工公开分享真实的信息。
- **团队**：人们感觉到自己是团队的一部分，在这个团队中，每个人都专注于相同的目标，并且在完成共同任务时相互支持。
- **赋能**：员工需要承担风险，但是必须在合理的范围内，只有这样他们才会感到自己得到了支持。员工需要感受到自己有主动行动的权利，这样他们才会在必要或者重要时刻表现得积极主动。[3]

你的企业有没有很好地为员工提供 VOI^2C^2E？请根据内部员工的感受，按照这 7 个因素对企业进行评估。

现在，请再一次对你的企业进行评估，但是这一次，你需要把重点放在敏捷人才上，而非全职的固定员工。你对待内部员工和外部人才的方式是否一致？图 6-1 提供了一个案例：调查对象是一家知名制药企业的内部员工和外部敏捷人才，他们描述了在这家企业中与敬业度有关的一些体验。内部员工通常认为，与外部专家相比，他们在 VOI^2C^2E 的大部分方面体验更好，而外部专家通常只是与内部员工一起工作罢了。事实上，外部人才认为自己要优于内部员工的唯一领域就是"激励"。在这一领域，敏捷人才认为企业的薪资较高，支付及时，也不存在官僚作风盛行的情况。

由此来看，企业一般很少关注敏捷人才的体验，这非常正常。就现实情况而言，无论是固定员工还是外部人才，敬业度的水平与应有的水平之间都有很大的差距。然而，根据上述情况来看，

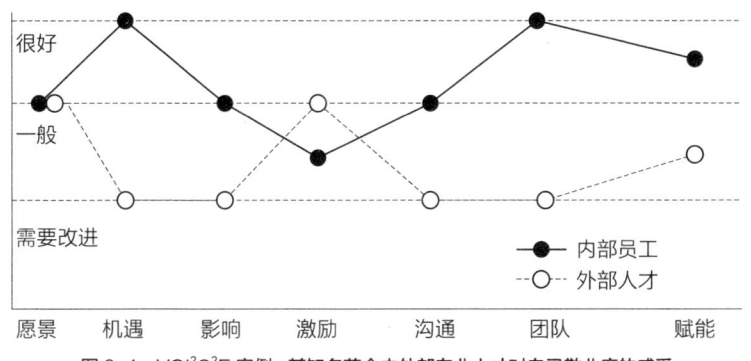

图 6-1　VOI^{2}C^{2}E 案例：某知名药企内外部专业人才对自己敬业度的感受

注：VOI^{2}C^{2}E 代表愿景、机遇、影响、激励、沟通、团队和赋能 7 个因素，体现了人才对企业的敬业度。

外部敏捷人才在敬业度方面的情况更加黯淡。在大部分公司，让敏捷人才保持敬业度的策略充其量只有些无济于事的事后措施，这种情况非常棘手。尽管领导可能会认为敏捷人才不需要太高的敬业度，或者可能认为双方的关系仅仅是商业交易，但如果管理者想要发挥敏捷人才的最大作用，想要这笔投资能够获取最大收益，那么忽略敏捷人才的敬业度绝非明智之举。当某家企业的总人力预算很大一部分花在外部人才上时，管理者如果一直抱着"外部人才的薪酬与敬业度呈正比"的想法，那只能说明他目光过于短浅。

阻碍敬业度提升的因素

当然，内外部关系中的责任并不是单向的。阿维·丹最近撰文，讲述了使用外部敏捷人才时管理者遭遇的挫败感，特别是在与广告代理公司合作，使用广告代理公司的专业人才时遇到的问题。[4]本章介绍了领导者可能遇到的主要问题，它们对领导型读者来说并不新鲜。对于广告代理公司的外部专家，企业领导者考虑的主要内容可以概述为：

- 企业自身需要进行更多的调整，广告代理公司的服务也需要更多的调整。"67%的企业认为企业与广告代理公司形成的内外部人才团队需要更加紧密的合作；47%（也就是接近一半）的受访者认为进行培训非常有必要；而41%的受访者表示，企业本身也要克服谷仓效应[①]"。[5]

- 更加积极主动。"广告代理公司需要更加积极主动地尝试不同的商业模式。现今广告代理公司采取的商业模式构建的初衷是方便广告代理公司而非客户，也就是企业……如果广告代理公司想要得到商界人士对自己高价值的认可，那么它们就需要把对工作的评估和整合作为固有的部分"。

- 对结果承担更多责任。"当被问及'最近营销方面的哪些变化对他们影响最大'时，55%的企业对'承担责任'的需求日益增长，这是影响最大的因素……但是，广告代理公司未能'承担责任'，这恰恰是最令企业感到失望的地方，71%的受访者认为这是广告代理公司最需改进的方面"。

- 必须不断提升技能。"47%的受访者认为有必要进行培

---

① 谷仓效应，也称筒仓效应，指企业内部因缺少沟通，部门间各自为政，只有垂直的指挥系统，没有水平的协同机制，就像一个个谷仓，各自拥有独立的进出系统，但缺少谷仓与谷仓之间的沟通和互动。——编者注

训……广告代理公司未能达到企业客户预期的一个方面就是缺乏综合沟通所需的技能"。

对于如何设计和运营企业才能提升企业的效率,项目顾问和其他敏捷人才也有自己的看法。戈登·珀希特德和珍妮·萨顿在《艾维商业杂志》(*Ivy Business Journal*)上刊文给出了几条建议:

- 企业的问责制度要有中心点,负责对顾问成本和他们实现的价值进行评估。
- 有明确的工作说明,对于有待解决的问题和工作目标,企业内部要形成一致意见。
- 对用于评估项目绩效的指标要预先达成一致。
- 与项目顾问一起工作的主管、经理和员工需要接受培训,了解如何管理项目顾问或者如何与项目顾问一起工作。
- 在与选中的咨询公司协商之后,公司挑选适合的内部员工与其组成项目团队。
- 在项目管理方面,公司持续发挥重要作用,咨询公司的项目经理作为补充。
- 与项目顾问一起工作的员工要留意并总结项目中的经验教训,并且在公司普及。[6]

提高敏捷人才的敬业度

企业可以采取哪些措施来提高敏捷人才的敬业度,从而提升外部人才的绩效和贡献,并改善他们与内部员工的工作关系?以愿景为首的 VOI^{2}C^{2}E 七要素可以提供非常有益的指导。

愿　景

外部人才，特别是千禧一代的外部人才，希望自己的工作有意义、有影响。尽管参与项目本身或者作为顾问角色，可能只关注企业整体蓝图的一部分，但是如果领导者能够跟外部人才就他们的工作进行沟通，展示工作更深层次的意义，外部人才的敬业度会更高。敏捷人才需要知道自己的工作为企业和客户或者其他利益相关者能带来哪些贡献。大家可能听过泥瓦匠的故事：

> 一个男子在路上遇到了三个泥瓦匠，他向三个人提出了同一个问题："你们在干什么？"第一个泥瓦匠一脸不悦地回答："我在砌砖。"第二个泥瓦匠心不在焉地说："我在砌墙。"第三个泥瓦匠满怀激情地宣称："我在建造一座寺庙。"

重要的工作可以振奋人心、激励大家，如果外部敏捷人才从事的工作非常重要，既可以作为自己的谈资，又可以跟他人分享自己在这项工作上的成绩，还可以获得新的客户，找到有趣的工作。能与敏捷人才分享工作背景和宏伟蓝图的领导者，可以提升敏捷人才的敬业度。

例如，百特医疗（Baxter）拆分出一家新的生物科学公司Baxalta，这家新公司的愿景是专注研制治疗肿瘤、血液和免疫等方面罕见病症的药物。Baxalta 与 RBL 集团签订了合同，由我们帮助他们设计人力资源部门的组织结构，使其能够更好地完成自己的重点工作。Baxalta 的领导者对于他们的使命非常兴奋，并极其希望能够开发出新产品，给患者带去福音，我们为此也深受感动。通过交流沟通和协同工作，他们对于自己工作的兴奋感也感染到其他人。与 Baxalta 合作的外部团队也感到自己的敬业度更高，某种程度上就是因为这项工作不仅重要而且令人鼓舞，原因是企业的领导者花费时间帮助一同工作的外部人才融入企业。

机　遇

几年前，耶鲁大学的迪克·哈克曼和格雷格·奥尔德姆识别出工作设计的几个核心要素。这项被称为"工作诊断调查"的研究认为，令人满意、有影响力的工作需要符合 5 个标准（见图 6-2）。[7]

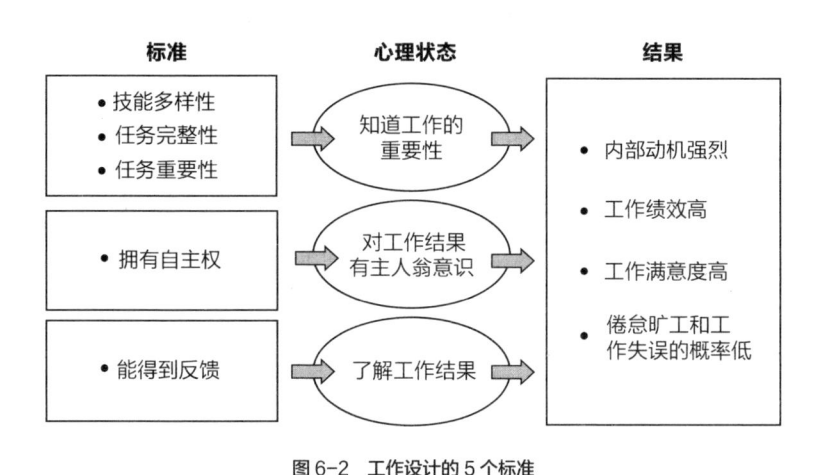

标准	心理状态	结果
• 技能多样性 • 任务完整性 • 任务重要性	知道工作的重要性	• 内部动机强烈 • 工作绩效高 • 工作满意度高 • 倦怠旷工和工作失误的概率低
• 拥有自主权	对工作结果有主人翁意识	
• 能得到反馈	了解工作结果	

图 6-2　工作设计的 5 个标准

资料来源：Adapted from J. Richard Hackman and Greg R. Oldham,The Job Diagnostic Survey: An Instrument for the Diagnosis of Jobs and Evaluation of Job Redesign Projects (Arlington, VA: Office of Naval Research,1974).

好的工作设计是指工作富有成效，并且让参与者感到满足。哈克曼和奥尔德姆发现好的工作设计必须要考虑下列5个因素。

- **技能多样性**：工作涉及一系列内容，这就要求参与者开发并且利用各种技能和能力。那种需要不同的技能和能力的工作比那些单调无味、机械重复的日常工作，让人感觉更有意义。
- **任务完整性**：工作要求参与者完成最终产品，而非仅仅是负责最终结果的一部分。工作参与者参与工作的整个过程而非其中一部分时，他们会认为工作更有意义。
- **任务重要性**：工作具备影响力，能够影响同事、客户或者更大规模的企业。如果工作能够改善他人的生活，而非仅仅是对他人产生有限影响，这时参与者会觉得工作更有意义。
- **拥有自主权**：在工作中，参与者很多时候有权制订工作计划，决定完成工作的最佳方式。对于拥有高度自主权的工作，工作的结果往往取决于参与者自己的努力、计划和选择，而非管理者的指导或者标准操作流程。工作能够提供的自主权越大，参与者对于工作成败承担的个人责任也越大。
- **能得到反馈**：为参与者提供工作绩效的相关信息，参与者收到的反馈明确清晰，而且可以根据反馈采取行动，这样他们能更好地提升工作效率。

这5个标准可以帮助企业评估内部全职员工的工作、外部敏捷人才的项目工作和其他工作，还可以用来评估并且改进工作计划，在未来招募更多人才，所以它不仅方便而且高效。比如，领导者如何建立更有规律、更具有针对性的反馈机制呢？我们建议外部专家和内部员工从这 5 个标准进行评估,这样可以广开言路,发现更多需要改进之处。

影　响

影响会从两个方面提升敬业度。一方面是对工作绩效的反馈。外部专家希望知道他们的工作是否实现了目标、效果如何,以及为企业创造了多少价值。在前面,我们已经知道了绩效反馈的重要性。另一方面,我们鼓励企业进行事后回顾,并鼓励外部专家也参与其中。事后回顾制度是美国军队率先设立的,在项目完成后,事后回顾可以帮助我们从项目中充分吸取经验:我们哪些方面做得较好?哪些方面需要改进?我们在计划、沟通和协作方面效率如何?典型的事后回顾会议仅需几个小时,参会人员包括项目各相关方、内部工作人员和外部专家,根据情况还需邀请客户、供应商和其他重要参会者。表 6-1 是一次典型的事后回顾会议的议程。

表 6-1　典型的事后回顾会议议程

1	重申事后回顾的目的和会议讨论的规则
2	思考目标:项目的预期结果是什么?
3	思考结果:项目的实际结果是什么?
4	回顾项目的积极方面:哪些方面进展顺利?为什么?
5	讨论需要做出的改进:未来需要做出怎样的改进?如何进行这些改进?
6	做总结发言,讨论哪些内容需要与谁在何时进行沟通。

激 励

对人类动机的研究表明，奖励可以分为内在奖励与外在奖励。内在奖励是指一个人在工作过程中产生的奖励。这种奖励可能反映出参与者喜欢工作本身和工作带来的挑战，喜欢在工作中学习新技能，喜欢与有趣的同事一起工作，或者喜欢工作所在地。而外在奖励则包括工作之外的奖励，比如工资、津贴和其他福利。

到目前为止，我们在本书中提到的大部分建议都是增加外部专家在企业中工作的内在奖励：如果工作的主题非常有趣，令人愉快，参与者有机会开发新技能、获得新的专业知识，或者参与者可以与性格好、合作意愿强的同事工作，那么工作本身就是奖励的来源。

除了这种奖励，工作的其他奖励可能与外部人才关系更加紧密。邀请外部人员参加面向企业高管的报告会就是其中之一。我们在工作中就经历过这样的外在奖励。例如，我们中的一位曾经为萨维奇工业（Savage Industries）工作，这家全球供应链企业邀请我们参加它的会议，开会地点是在公司外，会上许多潜力极佳的内部员工给业务重组项目献言献策，而这些项目我们也参与其中。萨维奇的高管邀请整个团队出席会议，这无疑是在努力提升内外部人才的敬业度并且感谢大家的努力，也让会议更具价值。几位内部员工表示，他们非常感激能有机会为公司效力，我们也有同样的感受。在另外一个案例中，外部人才有机会发表项目的研究成果或者向同事介绍成果。在这些案例中，企业都努力激励专家，使他们有最佳工作表现。除了薪水，找到激励敏捷人才的方法，可以让参与工作的个人或者团队为企业创造最大利益。

沟　通

我们已经详细介绍了沟通的重要性。对外部敏捷人才和内外部同事之间的关系来说，沟通的4个方向非常重要。

通过沟通提升敏捷人才的敬业度意味着需要关注沟通的各个方向：

- **向上**：在工作的同时，外部人员是否感受到在需要或者必要时，他们可以向更高级别的领导提出反馈意见。
- **向下**：外部敏捷人才是否能够明白和理解管理者如何看待项目及其作用？是否有人告知外部人才，有哪些内因和外因可能会对项目产生影响？
- **横向**：企业其他部门的外部专家或者内部员工也在从事类似项目或者从事的项目有重叠部分，本部门的外部合作伙伴是否有机会跟他们就工作进行协调？
- **对外**：敏捷人才是否能与外人分享自己的工作和工作带来的影响？

确定了这4个沟通方向之后，领导者可以使用测评表6-1来评估他们是否给予外部专家足够的支持，是否给予他们最强的动机，以此提升外部专家的敬业度，让他们尽全力工作。测评表的调查对象是那些外部专家和与外部专家一起工作的内部员工，通过让受访者回答这些问题，企业可以找到提升敬业度的切实可行的办法。

| 测评表 6-1　企业在沟通方面是如何支持敏捷人才的 |

请给你的企业评分，分值为 1~5，1 = 不好，5 = 非常好。

沟通方向	评　分
1. 我们向上沟通的情况如何，外部专家是否有机会给管理者提交反馈意见，以此提升他们的敬业度？	
2. 我们向下沟通的情况如何，高管是否与外部专家交流，以此提升他们的敬业度？	
3. 我们横向沟通的情况如何，其他部门的信息是否可以共享，以此提升外部专家的敬业度？	
4. 我们对外沟通的情况如何，备受尊重的外部人才是否可以分享信息，以此提升他们的敬业度？	

团　队

我们之前讨论过让外部敏捷人才参加企业活动，以此提升他们的敬业度，建设合作性强的团队显然可以增进团队协作和敬业度。乔恩·卡岑巴赫和道格拉斯·史密斯既是作家也是咨询师，他们曾经针对企业内的团队合作水平进行了研究。领导者可以根据该项研究，评估内外部人才组成的团队合作水平是否达标。卡岑巴赫和史密斯论述了团队工作的层次结构，具体如下：

- **工作组**。成员之间的互动主要是共享信息。共享信息并不是因为他们有共同的目的或者绩效目标，需要相互问责，他们的重点在于个人绩效。工作组不必形成团队，因为绩效方面没有这种需要也缺少这样的机会，而且后期情况也不会变化。
- **伪团队**。这类团队能带来显著收益，但是团队并没有聚焦集体绩效。成员不会为了形成团队而采取行动，也看不到团队共同目的或者共同目标的价值。
- **潜在的团队**。团队成员都在努力工作，希望能够达到更高的绩效水平，但是他们没有完全一致的、清晰的目标，努力方向也各不相同。在绩效方面，这种团队最大的收获在于可以从潜在的团队转变为真正的团队。
- **真正的团队**。真正的团队有共同目的、目标和工作方法，团队成员会一起为工作的最终结果负责。
- **高效的团队**。高效的团队具有真正的团队所拥有的全部特征，团队成员也会为彼此的成功而努力。这样的团队表现远超其他类型的团队。[8]

卡岑巴赫和史密斯的研究为我们提供了一种实用、简单、直接的方法来评估团队合作的水准，从而确定需要改进的方面，这样可以提升团队成员的绩效表现和敬业度。我们开发了一种"三步分析法"帮助企业分析在团队合作方面的不足，它非常有效：

- 项目如果要取得成功，让内外部员工切实投入工作，团队合作需要达到什么水平？
- 目前的团队合作处于什么水平？原因何在？
- 如果团队合作水平低于要求，采取哪些行动最有可能迅速地、有的放矢地缩小差距？

我们发现采用这种方法的好处之一是，小的改进往往可以带来大的改变。我们曾经与马士基集团旗下的物流公司丹马士物流合作，一个行动学习项目团队认为定期举行会议，并且使之成为固定日程非常重要，因为这样可以让团队从"伪团队"转变为"潜在的团队"，最终成为"真正的团队"。该团队经过不断提升，为企业创造了新业务，实现了可观的营收。

赋　能

VOI^2C^2E 的最后一个因素是赋能。敬业度的这项驱动因素指的是努力让外部人才尽全力工作，而不是过度地指导他们如何完成任务，从而导致外部人才束手束脚。无论敏捷人才的职业导向是否是获取自治权，赋能都非常重要，而且原因不仅限于前述这一点。外部人才除了可以在工作中感到骄傲，获得他人的认同，还想发挥并不断提升自己的专业所长。如果企业过度地指导敏捷人才的工作，那么企业最终很难收获这些专家的最佳工作表现。

首席外部人才官

大型的全球企业都会设置首席学习官（CLO）或者首席人才官（CTO）这样的职位。首席人才官负责管理公司的雇主品牌和新员工的招募与培养，同时也参与继任工作和高管薪酬管理工作。

这些高管职位承担的角色存在一些问题，因为不难看出他们忽视了外部敏捷人才日益增长的重要性和参与度。吸引、培养和留住内部"常规"员工的工作显然不同于管理外部人才。但是，随着越来越多地使用敏捷人才，企业急需为外部人才设立专门的领导职位，这一点至关重要。我们注意到目前没有公司设立首席外部人才官这样的职务，相关的工作都是由其他职位的领导者完成。表6-2比较了内部人才官和侧重于外部人才的人才官的职责。

表6-2 内部人才官与外部人才官

影响因素	内部人才官	外部人才官
人力资源计划	根据公司战略，确定总体人力资源需求	根据公司战略，确定外部人才需求
吸引人才，招募人才	雇主品牌的领导者，与诸多可能成为企业员工的人才建立密切关系	了解外部人才市场；根据公司的工作和文化契合需求，寻找外部人才和外部企业；与外部专家和外部企业建立密切的关系
入职	确保新员工的职业定位准确、入职体验良好，使他们迅速了解企业；建立起入职初期所需的重要关系，给他们找到导师	与外部企业合作，在入职初期就建立起良好的关系；如果有成员与自己或负责为该项目提供支持的高管直接共事，就要特别与他们建立密切关系
开发	确保员工接受提升工作质量需要的培训	确保员工与外部专家合作良好；确保外部人才理解企业文化，能够在企业文化环境中高效工作；与内外部人才保持沟通，告知他们如果无法与其他团队有效合作，马上会有人取代他们
评估	评估员工的绩效和潜力	在协作的基础上根据工作范围评估外部人员的绩效；深入参与内外部人员的工作，针对外部专家或公司是否应该在未来的项目上继续与企业合作给出自己的建议；管理公司范围内所有外部人员的数据库
职业生涯管理	为员工提供职业生涯管理，帮助员工识别加速发展的途径	关注外部人才中是否有公司想要长期雇用的人，与他们建立关系

（续表）

影响因素	内部人才官	外部人才官
多样性	确保企业创造一个员工之间能够开放交流、彼此尊重和公正平等的企业环境	关心项目顾问在企业内的待遇，主动出击，预先解决可能出现的问题

本·霍洛维茨是硅谷风险投资公司安德森·霍洛维茨的创始人之一，很多人认为他是下一代互联网企业家的导师。几年前，霍洛维茨在响云（LoudCloud）公司做产品研发总监，他写了一份备忘录，名字叫《好的产品经理，坏的产品经理》（Good Product Manager, Bad Product Manager），现在这份备忘录早已天下闻名，它的第一段就阐明了霍洛维茨的观点：

> 好的产品经理非常了解市场、产品、产品线和竞争对手，他们专业知识基础扎实，对工作充满信心。好的产品经理是产品的首席执行官，他们对产品的成功全权负责，尽心竭力。好的产品经理会负责在正确的时间推出正确的产品，保证一切相关事项妥善无误。好的产品经理了解宏观情况（如公司整体情况、收入情况和竞争情况等），负责制订计划，为公司带来成功，并且会亲自执行，不找借口。[9]

这段描述我们如果借来描述外部人才官（或者描述公司项目管理部门的负责人）其实并无不妥。正如霍洛维茨所描述的好的产品管理一样，事实上，外部人才官的工作职责就是确保企业能够准确挑选外部专家，积极创造成功条件，不断从项目和行业趋势中学习知识。简而言之，我们认为这一角色在本质上是产品经理，只不过他管理的是外部人才和相关的人际关系。

| 小 结 | 在之前的几章中，我们研究了调整企业云人力资源战略的几个关键要素，还讨论了企业需要优先对哪些方面进行调整才能吸引敏捷人才，才能发挥敏捷人才或者敏捷人才团队的最大作用。在敏捷人才云人力资源方面，企业战略调整的第一步是确定如何招聘、欢迎和引导外部专家。只有敬业度高、工作积极的外部人才才能为项目的成功添砖加瓦，因此企业需要调整内部员工关系，建立合作机制，花费时间和精力提升兼职或者合同制临时员工的参与度。在下一章，我们会讨论领导者扮演怎样的角色，才能让敏捷人才达到高绩效水准。

第七章

人才管理者：
知道你需要何种技能，理解如何应用这些技能

成功应对战略变革的关键在于优秀的领导力，而敏捷人才的开发也取决于领导力的质量。要想提升人才敏捷度，领导者必须愿意抓住机遇，接受变革策略，并积极支持这一变革，否则普通员工和较低级别的管理人员很可能会抵制这种变革。如果领导者没有采取行动，积极实施敏捷人才战略，那么使用敏捷人才就无法为企业创造效益。

在最近的一次京都之旅中，我们了解到二条城有一种16世纪的安全系统，颇具特色。它被称为夜莺地板，当人走在上面时，它会发出"唧啾"声；如果有入侵者潜入，它便可以向警卫发出警报。

夜莺地板的本质是用来防御外敌，但它也恰如其分地比喻了领导者和许多企业时常对敏捷人才心怀戒备。企业并没有将敏捷人才视作伙伴或者是企业内部能力的强化或者延伸，反而经常对他们心存怀疑，或者认为他们虽然必不可少，但仅是无奈之举。

正因为抱有这种成见，所以企业在很多方面都处于不利地位：无论是内部员工还是外部人才，当他们与敬业度低的敏捷人才一同工作或者依靠这类敏捷人才的时候，投入的时间和做出的努力都会浪费。企业不重视敏捷人才的良好建议或者最佳方法，随着时间的推移，企业声誉可能会受损，会被认为是糟糕的客户，或者背上与外部人才工作关系恶劣的恶名。这样的恶名会进一步降低敏捷人才在企业中的敬业度，他们的工作效率也会进一步降低。由于外部人才工作效率降低，企业会认为聘用外部人才的必要性降低，随后可能会出现企业绩效加速下降的情况。

领导力密码

如果企业的领导者想要从使用敏捷人才中受益，扩大云人力资源的应用，那么这些敏捷人才需要具备哪些技能？我们在领导力发展方面的研究可以提供帮助。与领导力有关的信息数以亿计，在谷歌搜索中便有超过 4.75 亿个独立条目，我们深入地研究了该领域专家的各种观点，这些专家在领导者和领导力研究方面颇有建树。在与他们的讨论中，我们集中关注两个基本问题：

- 在各种领导力相关的研究和理论中，对于优秀领导力的描述和形容相似的内容占多少？
- 如果某人想要成为优秀领导者，无论他从事哪个行业，也无论他效力的组织是营利性还是非营利性机构，他都必须掌握一套所有领导者必须掌握的通用技能，那么这会是一套怎样的技能？

我们的研究表明，相关的理论家和研究人员对于优秀领导力的描述，60%~70% 的内容是相似的。受访者在描述这些相似内容时，尽管在细枝末节和言语措辞上有些许差别，但是在整体理念上是高度一致的。我们称这些基本要素为领导力密码，我们在《领导力密码：卓越领导者必备的五大核心要素》（*The Leadership Code: Five Rules to Lead By*）[1]中做出了详细的解释，图 7-1 形象地展示了领导力密码的五大要素。

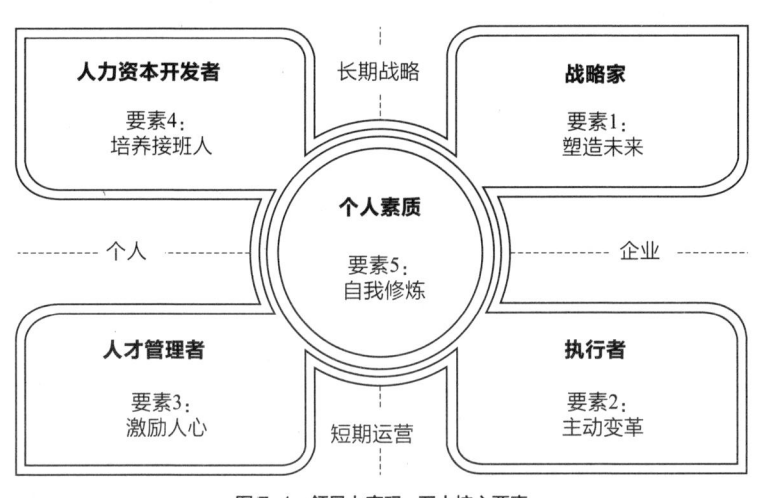

图 7-1 领导力密码：五大核心要素

资料来源：Source: Dave Ulrich, Norm Smallwood, and Kate Sweetman, The Leadership Code: Five Rules to Lead By (Boston: Harvard Business Review Press, 2008), 14.

战略家：塑造未来

战略家需要回答"我们去向何方"的问题，他们确保内外部员工都能理解企业的目标，理解他们需要为目标做出的贡献，理解他们的努力和绩效对于客户、投资者和其他利益相关方的重要性。战略家设想可能的未来，确定未来的战略，建立需要的内外部支持，确保包括投资和技能这样的关键性投入能够到位，开展企业建设，设计变革计划，让内外部人才认识到企业的目标，并且最终实现目标。简而言之，战略家让自己的企业无论现在还是未来都为成功做好准备。

执行者：主动变革

执行者的能力与战略家的能力相辅相成，执行者需要回答"我们如何确保目标得以实现"的问题。他们将战略转化为行动计划，促成变革；他们确保企业形成与企业目标一致的高绩效文化；他们建立问责制度，支持创新，配置适当的人才组成合适的团队，并有明确的工作重点。发挥执行者角色的领导者制定企业制度和绩效规则，将计划转化为行动纲领，将行动转化为结果。

人才管理者：激励人心

优秀的领导者可以发展和吸引人才，能确定高绩效所需的技能，会鼓励、发展和激励内外部员工，让员工认同企业的目标。人才管理者确保企业拥有成功所需的人才，企业也能够高效、便捷、经济、省时地使用这些人才。为了吸引人才，人才管理者要恰当地运用专业技术和人际交往技能，通过与员工沟通，培养他们的工作热情。严格执行绩效制度的人才管理者绝不惧怕对绩效不佳采取迅速行动，但是他们同样也扮演着教练和导师的角色，还是高绩效人才的投资方。

人力资本开发者：培养接班人

人才管理者专注现在的目标和挑战，并且关注解决这些挑战所需要的敏捷人才。但是行业发展日新月异，优秀领导者的一项重要任务就是需要深思熟虑，思考实现新的绩效要求需要哪些新的能力。例如，优步的高层领导者意识到，他们的下一代业务可能面临大规模的颠覆性变革，从人类司机驾驶的出租车跨越到自动驾驶的出租车。所以，他们与卡内基-梅隆大学的国家机器人工程中心建立合作关系，这个中心同时也向美国军方提供创新性的机器人技术。

为说明领导力的第四个要素——人力资本开发者，优步的领导者提供了非常好的例子。领导者需要具备这种能力，确保所在企业拥有的人才既能够在未来创造高绩效，也能够应对眼下需求。人力资本开发者帮助企业制订相关的人才计划，保证随着企业发展和战略目标的变化，企业始终拥有获取成功所需的技能与视野。所以，领导者就需要在解决问题时，提供创造性的、创新性的甚至是意想不到的解决方案。比如，摩根大通银行会招募年轻的数学家、物理学家和金融专家等具有博士学位的高端人才，让他们为摩根大通银行的股票和债券交易员提供数据分析支持。

在过去几年，我们进行了一项360度全方位的调查，收集了数千名管理者的数据，来评估领导力密码中领导者应该具备的能力。我们调查的结果非常清楚而且颇具启发意义。毫无疑问，无论在哪个行业或者在哪个地区，领导者在人力资本开发领域的个人能力得分都是最低的（见表7-1）。

表7-1 企业领导在领导力基础要素中的能力测评

领导力因素	能力平均分值
战略家	3.7
执行者	3.7
人才管理者	3.7
人力资本开发者	3.5
个人素质	3.8

注：在这项360度全方位调查中，参与调查的2万多名管理者对他们在领导力各个要素中的能力进行自我评分，最后得到能力平均分值，参与者来自全球不同行业和不同地域，分数为1~5，其中1 = 表现糟糕，5 = 表现突出。
资料来源：RBL集团调查。

领导力的这项要素与敏捷人才的关系是显而易见的。随着行业技术和竞争的不断发展，投资者和监管者对于绩效的预期在不断变化，企业需要具备的能力也在不断变化，因此利用好敏捷人才的前提是领导者必须预期到企业的能力需要进行怎样的调整并做出反应。这种先见之明和迅速行动的能力需要领导者具备人力资本开发的技能。但是我们随后会指出，要想成功利用敏捷人才，为企业创造效益，领导力密码中的所有要素都非常重要。

个人素质：自我修炼

领导力密码的第五个要素是个人修炼。优秀的领导者本身就是出色的模范。强有力的领导者能够激发他人的忠诚和善意，因为他们自己行为正直，值得信任。他们树立了正确行为的典范，企业各层级的员工都可以学习，代表企业工作的敏捷人才也会效仿。同时在面对困境时，领导者也是开诚布公、开放平等地去应对。他们可以做出表率的其他品质还包括思路清晰、自我洞见、管控压力、终身学习和保持健康。

强有力的领导者如何让敏捷人才发挥作用

领导者的哪些行为可以让企业成功地利用敏捷人才？如前所述，各位高管列出了利用专家人才的五大原因：

- 获取更多的专业人才；
- 降低成本；
- 避免增加长期固定员工数量；
- 提升完成工作的速度；
- 用外部人才考验企业现有思想和假设。

领导者每天的工作非常繁忙，各类人员和事务占据着他们的时间和精力。那么领导者如何实施领导力密码，才能高效利用敏捷人才呢？我们会从领导力的五大要素的角度进行详述。

战略家：提供需要的支持

优秀的战略家深知，领导者的个别关键行为会极大地影响到外部人才的绩效。在这方面，最关键的是管理者要确保自己给予外部人才准确和适当的支持。

在前文中，我们提到我们针对管理者进行了一项调查，结果非常有趣：略高于一半的受访者表示，在确保外部人才的工作得到适当支持方面，自己企业的工作是有效的。对这些管理者来说，这肯定是个好消息；然而对另一半管理者来说，这绝非好事，他们表达了自己的担忧和对企业表现的批评。到底怎样才算是为外部人才提供了良好的支持？我们在测评表 7-1 中列出了一些重要标准。

| 测评表 7-1　你是否为敏捷人才提供了足够的支持 |

对照每条标准，评估你的企业，分数为 1~5，1 = 几乎从未有过，5 = 总是这样。然后根据你对企业中其他领导者的了解，给出对他们的评分。

对敏捷人才提供支持的标准	自我评分	领导者总体评分
1. 对项目和使用外部人才承担责任，并拥有主导权		
2. 对企业宏观战略和优先事项进行调整		
3. 预测可能遇到的问题和存在的风险		
4. 与外部团队或个人密切合作		
5. 对敏捷人才的支持有始有终		
6. 对成功和需要改进的方面及时提出反馈		
7. 支持外部团队和个人		
8. 决策果断及时		
9. 保证资源充足		
10. 在工作中树立道德典范，诚实守信		

填写完测评表 7-1 后，请注意分数的分布情况：

- 你所在企业的领导层是否为敏捷人才提供了足够的支持，让他们可以不断地创造真正的价值？
- 就质量而言，你对自己提供的支持或者你上级提供的支持是否满意？

如果这两个问题有一个问题你给出了否定的答案，或者两个问题你都给出否定的答案，请回答以下附加问题：

- 需要在哪些关键方面做出改进？
- 在企业总体情况或在你的个人情况中，是什么阻碍了给敏捷人才提供良好支持？
- 你的企业是否从投资敏捷人才中获得了所需的价值？
- 你将做出哪些改变来强化对敏捷人才的支持？

执行者：好的领导者会做出规划，清理路障

战略家需要完成的重要工作之一就是提供人才所需的支持，那么相应地，执行者需要具备的个人能力就是作为领导，要为企业清理路障，从而让企业达成较高的绩效。曾有人问史蒂夫·乔布斯，要想取得商业成功，谁是最佳的例子。他回答道："我的商业模式是和甲壳虫乐队学习的。甲壳虫乐队的 4 位成员可以抵消彼此的消极方面，他们彼此达成了一种平衡，他们的整体价值远超个体价值的累加。这就是我对商业的看法：商业中的成功绝非一人所为，而是由团队创造的。"[2] 乔布斯的话表明，以恰当的方

式把正确的人选整合成一个团队，实现清晰的共同目标，这是执行工作的核心。在把敏捷人才引入自己的人才队伍时，企业领导设置目标、检查绩效、建立强大团队的方式就显得更加重要。企业使用敏捷人才会带来额外的复杂情况，即需要在内外部人才之间建立有效的关系。

企业需要将内外部人才整合在一起为共同事业工作，我们询问受访对象他们的企业在这方面做得如何，我们发现回答各有不同。在我们的这项调查中，当问及"企业如何帮助外部人才建立良好的内部关系，促进事业成功"时，略低于一半的管理者表示他们的企业做得很好；30%的受访者表示自己的企业在这方面处于中等水平，这方面的工作既算不上完美也不至于糟糕至极；另有20%的管理者对企业这方面的工作感到极不满意。

在提升企业内执行者技能方面，谷歌就是一个很好的范例。谷歌实施了氧气项目（Project Oxygen），这是它在人力资源方面进行的重要研究项目，项目的重点是建立和领导一支伟大的团队需要采取哪些行动。例如，谷歌已经认识到需要将具有挑战性的项目目标和短期视野相匹配。

IBM公司着力培养自己的软件开发经理，让他们成为强大的团队建设执行者，但是IBM采取了不同的策略，他们将重点放在我们前面论述过的职业阶段研究上。IBM发现，表现出色的团队并不仅仅具备所需的技术专长，他们之所以表现出色，是因为整个团队成员是按照职业阶段正确组合的，即由处于第一阶段和第二阶段的员工负责实际工作；处于第三阶段的专业人才和经理负责管理所有工作流、协调专业人才、整合自己团队与其他团队的工作，并且负责启发引导员工；而处于第四阶段的专业人才确保团队拥有所需的人才和其他支持，并且在必要的时候保证团队不受干扰。

有效的内外部团队合作的另外一个关键因素非常简单，那就是共度时光。卡岑巴赫和史密斯对高绩效团队进行了研究，他们提到了时间对于团队合作的重要性。美捷步在创造团队时间方面便是很好的范例，每个季度它都会举行全体员工会议，会议内容包括公司业绩信息、内外部人才的团队建设活动和鼓舞人心的嘉宾演讲。美捷步还通过自己的博客 Zappos Insights 支持内外部人才的团队合作，博客会向大家提供公司业绩、重大事件和活动的信息。博客作为吸引外部敏捷人才的一种方式，虽然简单但是非常有效。

促成有效的内外部团队合作还有一个重要方式就是持续提供绩效反馈。针对为外部人才定期提供反馈，告知他们为企业做出的贡献，我们进行了初步研究。在研究中，我们要求管理者形容一下他们的企业在这方面的表现。我们发现这项调查的结果与内外部人才关系调查的结果非常相似：大约 50% 的管理者表示自己的企业及时向外部人才提供了绩效反馈，30% 的管理者表示企业在这方面做得一般，20% 的管理者表示企业在这方面需要改进提升。

最后，管理者意识到了需要持续改进企业各项措施的有效性，还意识到可以通过事后回顾等方式推动改进效果。如前所述，事后回顾是美军率先使用的工具，旨在从成功的项目中总结经验和从失败的项目中吸取教训。我们向管理者提出的问题是："企业可以通过事后回顾学习外部专家的工作和结果，你所在企业在这方面做得如何？"调查结果可以看出，只有1/3的管理者对自己所在企业进行事后回顾的频率和质量持肯定态度；另外有1/3的管理者则不那么乐观，他们认为企业可以更频繁、更有效地使用事后回顾工具。

人才管理者：驱动未来

优秀的领导者在人才管理方面的能力显然对使用敏捷人才起着至关重要的作用。人才管理者确保企业拥有实现当前目标的人才，解决企业绩效方面的挑战，以及制定不断提升员工个人能力和工作质量的制度。

人才管理者首先要认识到，实现团队或企业目标需要哪些技能和能力。优秀的领导者使用系统性的方法来确定人力资源方案，针对不同计划提供不同人才。在所有较为重要的事情中，他们了解哪一项拥有最高优先级，他们会根据短期和长期利益考虑不同的人力资源方案。他们会设计战略人力资源矩阵，确定哪种情况下拥有固定人才，哪种情况下临时租用或者聘用人才，他们会考虑到敏捷人才对项目带来的机遇会感到兴奋，但是对成为固定员工并不感兴趣。马克·扎克伯格用自己的人力资源哲学管理脸书，他说："我们希望脸书成为人们学习如何进行创造的最佳场所之一。如果你想终老一家公司，最好的方法就是投身其中，为公司的发展而努力。但脸书也欢迎创业者和黑客。如果有人只是想来脸书工作几年，然后去开创伟大的事业，我们也会为这样的人感到自豪。"[3]

强而有力的人才管理者会认识到，选择正确的项目负责人与外部人才一起工作或监督外部人才非常重要。最近的一项研究指出，在研发企业的研究实验室中，人才组合是实验室工作效率的主要决定因素。[4] 外部专家在评论他们合作过的出色的内部项目经理时都一致表明，这些经理具备测评表 7-2 中列出的各项要素。你可以使用这个测评表来评估你的企业，并考虑如何将人才管理者的技能应用于外部人才，以及评估你自己在这方面表现如何。

| 测评表 7-2　你的企业在管理敏捷人才方面做得如何 |

对照每条标准，评估你的企业，分数为 1~5，1 = 几乎从未有过，5 = 总是这样。根据你对企业中其他领导者的了解，给出你对他们的总体评分。

有效管理敏捷人才的标准	自我评分	领导者总体评分
1. 清晰明确的个人和团队目标		
2. 对个人的职责有明确界定，企业内关系脉络清楚（比如"谁需要我的帮助开展工作？"）		
3. 职责与职业阶段相匹配		
4. 拥有统一的领导力理念和价值观		
5. 确保敏捷人才能够发挥自己的技术能力，满足企业需要，得到企业重视		
6. 企业拥有促进合作的氛围		
7. 能够高效地解决问题		
8. 绩效文化：谈话直截了当，反馈及时准确，主动承担工作结果和责任		
9. 乐于分享成就		
10. 理性看待团队失误（成员能够从错误中走出来）		

使用测评表 7-3 中的矩阵可以帮助领导者选择人才管理者，这样挑选的人才管理者能够更好地管理外部人才，并且随着经验的累积，他也能在专业领域不断成长。最佳条件是矩阵左上角的方框，它同时强调了绩效和发展。这也反过来要求企业有相关流程，评估项目管理的资质和绩效，支持项目管理能力的发展。

| 测评表 7-3　确定未来人才管理者在与敏捷人才合作时的工作侧重点 |

针对目前正在评估的需要开发和支持敏捷人才的人才管理者，请你勾选出矩阵中描述最贴合他资质的方框。

	非常注重发展	不太注重发展
非常重视绩效		
不太重视绩效		

优秀的人才管理者还会建立有效的人才发展体系，将内外部敏捷人才联系起来。许多企业会引入处于第三阶段和第四阶段的外部专家，让他们作为教练，指导年轻管理者或者在其他专业人才遇到困难时提供帮助。挪威国家石油公司是挪威的一家跨国石油和天然气公司，这家公司把这种做法提升到了更高的层次。他们在石油油田项目管理等领域建立了"学校"，这些"学校"通过培训和指导领导者让领导者与外部专家建立联系。对挪威国家石

油公司来说，这是一项至关重要的举措。虽然挪威的专业技术水平通常很高，但是北海和北极圈极端恶劣的气候条件对挪威国家石油公司来说是严峻的挑战，公司需要不断地提升效率。在人力资源管理等其他关键领域，挪威国家石油公司也使用了类似的方法来培训员工技能。通过将培训与指导相结合，专注重点工作，挪威国家石油公司培养了一支独一无二的人才队伍，专业涵盖多个领域。

人力资本开发者：保证企业长期具备胜任力

各个公司都在使用敏捷人才，因为这为他们提供了另外一条获取竞争、业绩和发展中所需专业知识的路径。与作为第三方的敏捷人才之间的合作伙伴关系不断发展，是因为企业可以从这些专业人才身上受益，让企业提升战略能力，并且更快速、更有效、更经济地发挥这些能力。领导力密码中提到了领导者需要扮演战略家和执行者的角色，我们已经阐述了其中的意义，而且还说明了企业该如何改善外部专家的使用方法，提升他们的表现。人力资本开发者这个角色特别重要，因为优秀的领导要为企业的未来做好准备，他们最可能使用外部敏捷人才。

《领导力密码》论述了这一领域领导力、胜任力的核心技能。[5]从敏捷人才的角度来看，优秀的领导者在思考问题和采取行动时，都采用由外而内的思路，他们应该在人力资本开发方面有卓越的表现。

由外而内进行思考的第一个考验,我们称为"绘制劳动力地图"。绘制劳动力地图实际上是换种方式回答"在可预见的未来,我们是否拥有实现未来目标所需的技能"这个问题。在第二章中,我们描述了企业如何评估使用敏捷人才的最佳机会。我们提到,优步认识到自己的长期战略与自动驾驶汽车联系密切,而机器人学领域将成为关键的技术领域。有趣的是,优步后来雇用了卡内基-梅隆大学的整个团队,从而使其他公司很难再利用这个团队。相比之下,生产可穿戴相机的GoPro最近扩大了自己的战略视野,将目光投向其他可穿戴技术。按照这一思路,它正在与时尚界的诸多商业顾问、技术顾问还有几家合资企业合作。

在绘制劳动力地图方面,就敏捷人才来说,好的劳动力地图既包含内部人才也包括外部人才。如果一个领导者只考虑内部人才和全职员工,那么他在人才选择方面就会受到限制。

绘制劳动力地图只是开始,优秀的人力资本开发者明白企业作为敏捷人才的雇主,声誉非常重要。此前,我们讨论过企业的雇主品牌非常重要,它可以吸引并留住内外部人才。才华横溢的外部专家通常非常抢手,他们不可能满足所有向他们提供工作机会的企业,而只愿意在重视他们和他们工作的企业中工作。

我们与怡颗莓的合作进一步确认了这一点。正如我们提到的,领导者投入时间,让敏捷人才融入企业,可以确保外部团队理解并且支持公司的愿景,认同公司的价值观。

我们前面说过,怡颗莓的领导层认识到,领导力项目顾问提供的专业知识和对企业战略、企业文化的认同,为公司带来了改观。

怡颗莓与我们分享它长期以来的愿景和工作方式，并阐明它们的重要性；它还从使命和价值的角度来说明我们的工作需要达成怎样的效果。公司让外部人才感受到自己是合作伙伴而非借来的帮手，这样外部人才的工作方式也会不同。我们是否有证据证明企业在这方面投入时间就一定可以带来收益？答案是没有。但是因为怡颗莓让我们感受到他们的成功就是我们的成功，所以毫无疑问，这也提升了项目顾问的主人翁意识和工作荣誉感。

人力资源开发者同时也是技能和职业开发者，他们非常重视自己在这方面所扮演的角色，并且对和他们一起工作的敏捷人才，他们也会承担同样的责任。例如，只要无损自己的战略利益，谷歌一直承诺帮助内外部人才发布他们的工作成果。对外部人才来说，谷歌的这一承诺非常重要。因为无论是管理方面还是技术方面的项目顾问，通常需要宣传自己的工作，并借此拿到其他项目，建立自己在专业领域的声誉。

人力资本开发者对外部人才的职业和发展有浓厚的兴趣。人们普遍认为，领导者会指导和培养内部员工，但是按照云人力资源管理的思路，领导者也要对外部人才持相同的态度。领导者要与外部人才交流沟通，支持他们的工作，展现出对外部人才浓厚的兴趣，这可以提升外部人才的敬业度，也可以改善领导者与外部人才的关系。

优秀的领导者还明白，今天的项目顾问可能会是明天的内部员工甚至领导者。外部敏捷人才一直认为从咨询公司转投客户企业是一条颇具吸引力的职业道路，能够为外部专家着想的领导者会从中受益。考虑周全的领导者会将外部人才视为可以招募的资深人才。

用由外而内的思路思考新兴技能和所需能力，鼓励领导者充分利用人际关系。优秀的领导者渴望了解其他企业如何抓住机遇或如何应对类似挑战，外部人才是行业洞察力和创新的绝佳来源。例如，惠普公司的首席人力资源官最近请我们给他们团队做一个报告，内容是关于高科技公司面临的战略性人才问题。同样，梅西百货人力资源部主管比尔·艾伦在启动人力资源企业转型之前，特意让我们与他们的高层管理人员就人力资源的未来进行了一系列讨论。私募股权巨头泛大西洋投资集团的董事总经理帕特·赫德利同意出任一个私募股权行业人力资源协会的主席，这个协会刚刚成立，可以让帕特了解所在行业最新的人力资源趋势。

更为重要的是，以由外而内思路运作企业的领导者能够建立包容而不是排他的企业文化。我们在前文提到了从进入企业的第一天起就要提升外部人才的敬业度，还提到了外部人才是企业总劳动力中重要的组成部分，要以尊重和信任而不是怀疑的态度对待他们。领导者如果鼓励建立关系网络，鼓励与外部人才广泛地建立关系，那么他们更有可能意识到，敏捷人才要想学习如何在新的企业环境里工作，本身需要付出巨大的努力。而且，这样的领导者也更有可能让外部人才适应企业，向外部人才介绍企业，从而帮助他们取得成功。在一个有悟性的领导者看来，个人是企业庞大绩效系统的一部分，而不是短暂停留的入侵者。

有效的人力资本开发者还会投入资源，让员工拥有外部经历，这样员工就会对其他文化和企业环境保持敏感度，更易接纳外部人才，与他们进行合作的意愿也会更强。全球大型消费品公司宝洁在培训人才和人力资源发展方面投入了大量资源，因为其历代领导者有一个共识，即拥有外部经历的员工更具协作性，团队意识更强，也更愿意接受其他观点。

我们认为，把时间投入内外部人才关系中，也会给公司带来积极的效果。在盖洛普敬业度调查中，敬业度最高的员工是因为工作关系对他们来说非常重要，所以才高度敬业。[6]企业与外部人才之间的关系与外部人才的敬业度密切相关，所以企业需要充分利用这种相关性。企业采用的方法包括给员工安排正确且合适的工作任务，建立实践共同体来鼓励发展多样性，以及鼓励发展技术技能。这些共同体必须是包容的而非排他的，这样它们才能有效运作。领导者需要确保这些共同体欢迎外部人才加入，而作为雇用他们的前提条件，外部人才也应该贡献最佳方案和创新的工作方式。保持密切关系可以让外部人才更快地学习适应企业，内外合作也会更加密切。

个人素质连接全局

与上述领导者能力不同，个人素质与领导者行动、选择、解决问题的方式和价值观塑造的典范有关。我们一直喜欢问一个问题："为什么别人想要接受你的领导？"这个问题非常适合在讨论领导者个人素质时提出，对敏捷人才来说也有重要意义。

第七章　人才管理者：知道你需要何种技能，理解如何应用这些技能优秀的领导者在与敏捷人才打交道时会彰显自己的人性。这些领导者明白，除了工作本身的技术或者专业能力，敏捷人才工作最困难的方面往往是个人和人际关系。以项目顾问、宏观顾问、自由职业软件架构师或者其他外部专家的身份工作本身就存在孤独感。外部专家的工作颇具挑战性，在一个新的企业里工作，一个人面对这种孤独感，还要面对各种压力，而这些压力来自从一个地点转到另一个地点工作，不断承担任务，结识新的人员，并与他们一起工作，适应他们的个性，学习在新的企业环境中高效工作，适应企业独特的文化。

归根结底，有效的领导力是一种慷慨的行为。在人们的印象里，优秀的领导者总是慷慨地付出时间，对同事和来宾热情有加，乐于指导他人。领导者的这些特质不仅适用于内部人才，对外部人才来说也同样重要。个人能力作为领导者的素质，可以为兼职人才、临时聘用人才和长期雇员创造环境，提升绩效。

| 小　结 | 本章叙述了领导者的行为和技能对有效使用敏捷人才产生的重大影响。领导力密码中描述了诸多能力，具备这些能力的领导者可以提高企业绩效，创造包容的环境。无论敏捷人才是寻求临时工作、项目工作还是长期工作，这样的领导者都能吸引并留住他们。

在前几章，我们阐述了为了最大限度地利用敏捷人才，企业要面临的挑战和需要进行的调整。我们的调查结果表明，希

望最大限度利用敏捷人才资源的领导者必须具备相应的技能，通常情况下领导者都较好地掌握了这些技能。这是个好消息。许多管理者肯定了他们的企业在各个方面的努力，包括设置适当的目标、预测潜在问题和困难、在内外部人才之间建立关系，以及提供有益的反馈并保持即时交流。我们还发现，25%~35%的管理者在评估中始终保持谦逊，对于企业应对外部人才的方式评价非常客观，并且断定他们既有机遇也有需要改进之处。

在下一章中，我们将从调整企业的讨论转为讲述如何引领变革，这是做好敏捷人才工作的下一步。

第八章

引领变革：
在企业管理人才的方式上进行创新

我们知道企业在利用敏捷人才方面的挑战不断增大。[1] 普朗基特研究公司（Plunkett Research）的数据表明，2014年知名咨询公司（涵盖人力资源、信息技术、战略、运营和商业咨询服务领域）在全球的总收入达到4310亿美元，较2013年增长了4%。[2] 利用敏捷人才依然是一种全球现象，美国咨询公司的总收入为1800亿美元，接近全球总额的一半。这些咨询公司报告的营收数据不包含仅有一人的咨询公司的数据。而普朗基特研究公司在2014年研究报告的总结中特别提到了一人公司，"尽管小公司的规模和基础设施无法与主要的管理咨询公司相比，但是咨询业中很大一部分公司都是规模很小的公司，很多时候就是所谓的'一人公司'，在家里一间空闲的卧室里完成公司的运营，而这些公司的业务正迅速增长"。[3]

无论敏捷人才是一家公司还是一个人，变革面临的挑战都异常巨大，对云人力资源来说尤其如此。在本章中，我们会重点介绍敏捷人才计划的指导框架，找出威胁变革成功的关键因素，并为读者提供方法和技术，切实地指导读者进行变革管理。

敏捷人才的不同利用方式

现在全球经济都重视敏捷人才，每个企业以各自的方式利用敏捷人才也是理所当然。如前所述，每个企业都有三条道路可以选择。

传统型

所谓传统型方式实际上是对敏捷人才的无效应用，很多企业会发现自己采取的就是这种方式。很多企业依旧坚持传统的组织结构和管理模式，它们的领导者在使用敏捷人才时，选择的就是这种传统型方式。虽然领导者想要更好地利用敏捷人才带来的新机遇，但他们只是将敏捷人才视为一种例外情况，而不是公司的常态。敏捷人才的传统利用方式需要的变革最小，其企业战略和组织结构的主导思路是，大部分工作将继续由全职固定员工完成，外部专家主要是在例外的情况下参与工作。这个时候，他们的技能在战略层面来看很重要，但是大部分情况下获取这些技能并不困难。"租用最好的，确保能成功"是这种传统型方式遵循的准则。我们相信，在可预见的未来，这种传统型方式依旧会是最为流行的利用敏捷人才的方式。

变革型

依赖虚拟组织结构的企业并不常见，但依旧存在。电影和其他娱乐行业提供了一种与未来敏捷人才合作的可能方式。例如，现在的许多电影都有无数的制作公司支持。在电影鸣谢名单中，我们经常可以看到数十家支持电影摄制的公司，提供的服务从保障演员和剧组人员的健康安全到租赁照明设备。

硅谷的软件类创业公司是乐于采取变革型方法的主要企业。知名投资公司安德森·霍洛维茨对自己在竞争中的优势极度自信，因为它有能力让创业企业与自己独一无二的敏捷人才网络加以结合。如前所述，越来越多的敏捷人才组织以集体联盟的模式运营，在这种模式下，来自不同公司的诸多专家汇聚一处完成共同的项目，而雇用他们的公司则提供基本的行政服务。Cordence 这家联盟坐拥 200 多位项目顾问，年收入超过 6 亿美元。有趣的是，在对自己公司的满意度评价方面，Cordence 的项目顾问对企业的满意度通常比大部分咨询公司的项目顾问要高。[4]

精准提升能力型

第三种方式是精准提升能力型，选择这种方式的企业会经过精挑细选，选择精准的方式来利用敏捷人才。在这种情况下，企业利用敏捷人才来加速能力提升和变革。在利用敏捷人才方面，精准提升能力型是介于传统型和变革型方式之间的一种方式。例如，迈克尔·刘易斯在其著作《高频交易员》中说过，因为高速交易是股票交易公司要具备的至关重要的能力，所以该行业无法寻觅到足够数量的全职人才。⁵为了满足业务扩张需求，公司需要技术专家来创建新的股权交易平台，进行私募股权交易，但是有这样能力的专家寥寥无几。为了在这个新环境里保持竞争力，公司依靠敏捷人才和其他人才招募形式迅速提升能力。例如，迪士尼学院（Disney Institute）随着时间的推移不断发展壮大，它在建院早期就引入敏捷人才作为核心团队，包括项目顾问、高管教育专家，推动企业早期的成长和发展。

表8-1列出了利用敏捷人才方法的三个优缺点，并给出了一些公司使用每种方法的案例。尽管这些方法各有不同，但彼此重叠交叉。在20世纪50年代初期，电影业所谓的好莱坞制作体系瓦解，随之诞生了独立制作公司，这犹如变革的催化剂，使电影业对于敏捷人才的利用从传统型变为变革型。制片人的影响力与日俱增，制片人建立了自己的虚拟团队，他们定期将团队聚集在一起，策划、制作或者发行电影。制片人和他们最喜欢的导演、演员还有剧组工作人员之间的关系造就了现代的电影制作，即强大的优秀演员阵容搭配其他人员，其中一部分人要为这部电影制作工作数年，而其他人则只会参与几个月或者短短几周。

在利用敏捷人才的过程中，企业通往变革型方式的道路是渐进式的，即处于从传统型人力资源模式过渡到我们称为精准提升能力型的中间状态。除了金融和娱乐等行业，极少有企业能完全转型为变革型，实际上我们也相信大部分企业本质上依旧会以传统型方式继续运作。但是，因为业务流程外包（BPO）风靡全球，再加上发展中国家敏捷人才数量的增加，企业领导者对扩大和进一步使用外部人才感到更有信心，在这方面也更具冒险精神。

表 8-1　使用敏捷人才的三种方式

	传统型	变革型	精准提升能力型
案　例	摩根大通银行	索尼影视	沃尔特·迪士尼学院
人力资源战略	企业基本依赖全职终身制员工	公司大部分工作人员不隶属于公司，项目结束就会离开	公司选择性地使用外部专家建设战略能力
人力资源基础	大部分工作人员将继续与公司保持传统的雇佣关系	基础全职员工的数量非常少，主要集中在行政和中央职能岗位，比如财务	大部分工作人员依旧是全职雇员，而在需要新能力的领域，外部专家所占比例更高
变革准备	变革准备程度低，但是不同企业情况不同	变革准备程度高，企业可以迅速灵活地做出变革	变革准备程度高，企业可以迅速引进外部人才
管理方面的挑战	管理人员面临传统的挑战	管理人员需要兼顾多个不同的优先事项	管理人员必须确定出众能力所需的专业人才
表现优异者的奖励	对内部员工来说，奖励是超过平均水平的收入和快速升职的机会	需要跟顶尖外部专家商讨奖励，比如奖金、电影净利分红或者股权	奖励是传统型和变革型的结合，对在同一部门工作的外部专家和全职员工来说，激励措施不同
潜在缺点	企业可能无法在提升敏捷人才的工作效率方面调整到位	企业可能会建立庞大的内部人员队伍，并与外部人才展开竞争	针对哪种能力可以让企业获得成功，企业可能会做出糟糕的战略选择
企业发展中具备的优势	酌情使用更多的敏捷人才	在新的领域创新性地使用敏捷人才，在如何利用敏捷人才提升企业工作效率方面进行创新，比如在电影模拟和排练中使用敏捷人才	增长优势与变革型类似，在新的领域创新性地使用外部专家，在如何利用外部专家提升企业工作效率方面进行创新

变革的挑战

对任何领导者来说，确定敏捷人才参与企业工作的深度和重点领域都是关键的第一步。无论企业是要逐步增加敏捷人才的参与度，还是要利用云人力资源迅速而扎实地建设某种企业能力，或者目光长远地希望从根本上改变企业人力资源的工作方式，企业在管理变革方面都会遇到实际挑战。在前面的章节中，我们已经论述了需要在哪些具体的领域做出变革，而这些变革又将惠及哪些领域。在本章中，我们为企业提供更全面的视野，说明应该如何处理变革过程。我们还会说明如何确认和解决变革过程中出现的文化问题，并提供最佳方案。毫无疑问，善于管理变革的领导者，无论这些变革属于战略层面还是文化层面，都更有可能实现自己的目标。[6]

成功变革的思维模式

试想，某位知名的电视节目主持人去采访三位公司高管，三个人都在反思自己企业人力资源理念的转变。尽管三家公司分属不同的行业，假设它们来自银行业、制药业和供应链物流业，而每个首席执行官又来自不同的大洲，但是这些公司仍然会有共同的经历。

变革至关重要

各位首席执行官首先会对这一点达成一致。企业内外部的形势和环境不断变化，要想不断应对这些变化，做出变革至关重要。

领导者的作用就是确保公司以尽可能好的方式去适应变化，做出变革。考虑到每家公司与敏捷人才之间的关系，领导者可以传递一条非常重要的信息，即必须通过更复杂的内部途径和外部途径来共同解决人员配置问题。我们此前指出，在领导力密码中，大部分管理者最为薄弱的环节就是扮演人力资本开发者的角色，因为它需要理解并且满足企业未来的人才需求。在此背景下，极为重要的一点是领导者需要帮助员工理解为什么企业可能更加依赖外部人力资源，理解更丰富的人力资源组合将如何影响企业的运作，理解对全职雇员来说这种转变意味着什么。

变革面临困难

变革受阻，是因为它面临困难，这是在我们的初步研究中，各位首席执行官得出的第二个结论。变革之所以困难，是因为它非常复杂。我们现在已经知道，70%的变革尝试都没有达到预期目标，这项被约翰·科特推广的结论已经获得广泛关注。[7]另外一个让变革难以成功的统计显得更加有趣，也更有启发性，即推动变革的第一步90%是从技术角度合理地诊断问题之后再实施计划。[8]对许多全职员工来说，更多地使用敏捷人才意味着需要与不属于"我们"的人打交道，过程中也会遇到更多麻烦，另外这些外部人才的忠诚度和动机也值得怀疑。全职员工害怕与外部人才一同工作也意味着他们要承担风险，比如失业、转行或者移居其他城市的风险。

我们已经看到在许多使用敏捷人才的企业中，"我们与他们"

的心态都以不同的方式存在着，而咨询业的专家模式更加剧了这个问题，而且很难改变，因为大多数大型企业都依赖这种商业模式。所谓专家模式，就是一大批专家组成团队进入企业，利用他们卓越的行业知识来解决问题。外部专家提出解决方案然后再交由内部员工去实施，这就会产生问题。要解决这个问题，我们要采取合作性更强的方式来取代这种专家模式。

我们把这种方式称为能力转移模式，这种模式不需要让数量庞大的专家进入企业去解决问题，而是由资深的外部专家组成小团队，企业建立起专门与敏捷人才合作的内部团队，这两个团队一同工作。在这种模式下，内部团队通常包含一个工作组，由7~10名内部员工组成，他们都是未来会在企业内具有影响力的人员，通过指导，让他们与我们的高级外部专家一起制定变革路线图。路线图包括诊断问题和实施计划两部分。这个工作组定期与另外一个由高级管理人员组成的内部团队举行会议，这个高级管理人员组成的团队提供相应的指导和支持，并且根据工作组和外部人才的建议做出最终决定。这种模式营造了一种"人人皆属我们"的态度，摆脱了"我们与他们"的氛围。这种模式也推动了变革速度，因为内部员工是变革的主人。

变革与企业员工密切相关

变革存在困难，因为它与企业员工密切相关。对变革的设计师也就是决策者来说，变革的影响并不大，但是变革与企业中级别较低的员工息息相关。《卧底老板》(*Undercover Boss*)是一档真人秀节目，观众遍布全球。在这档节目中，公司的首席执行官或者企业其他高层管理者经过精心伪装，被节目组安排到自己企业的第一线。该节目设置的前提非常好，因为我们希望高管能体验企业其他员工每天的经历，这也恰恰是领导者面临的挑战。领导者在推动变革，而变革必须由其他人来直接实施，领导者需要弄明白变革对于一线员工的工作还有他们的工作动机会产生怎样的影响。在每一集《卧底老板》中，公司的首席执行官都能有所顿悟，了解了自己的想法在转化为企业行动的过程中，员工的个人生活会受到怎样的影响。

变革的能力转移模式同时也解决了这个问题。在专家模式下，纷繁复杂的最终解决方案要交给内部员工实施，大家抵制变革是因为他们并非变革的主人。他们不是专家模式的主人，因为他们没有参与变革。他们通常认为外部专家会遗漏或者忽视重要的内部问题，比如权力问题、文化问题等，外部专家主要关注的是针对各种挑战提出令人满意的解决方案。在能力转移模式下，内部工作组负责审查内部问题，领导团队也会再次审查，这个过程本身就会促使变革从一开始就得到支持。

变革发生在多个层级

无论我们多么努力精确地设计变革，变革都会遵循自己的方式。电影《侏罗纪公园》中的一句台词可以说明这个问题，其中的道理也经得起时间的考验，"进化史告诉我们，生命是不受抑制的，生命是主动奔放的，生命会去开拓新的疆域，生命会冲破障碍。在这个过程中，会有痛苦甚至存在危险，但生命就是如此"。[9]

变革也是如此。虽然我们不能完全控制变革，但能预见到它意想不到的结果。我们从4个维度思考变革的影响，即变革可能对个人、对团队、对企业和对客户这样的外部相关方产生怎样的影响。敏捷人才可能会影响所有这些层面，睿智的领导团队会认真考虑变革带来的结果，无论概率大小，都要在可能的情况下积极主动地采取措施。

飞行员逐项检查清单

吉姆·约翰逊和他的同事最近对技术发展进行了一项研究，他们认为在具备下述5个要素时，计划的成功概率更高：[10]

- **高管的支持**：根据约翰逊及其同事的研究，缺乏高管支持或者提供的支持不当是导致项目失败的最大因素。
- **使用者的参与**：如果项目没有满足用户或客户的需求与期望，那么失败在所难免；而在用户没有积极参与时，失败的概率也非常高。
- **经验丰富的项目管理**：成功项目的背后永远有一位经验丰富、才华横溢的项目经理领导工作。
- **清晰的商业目标**：树立正确的目标，才能有项目的成功，还要确保目标不仅清晰直白、预先制定，而且要反复强调。
- **最小化的范围变更**：范围变更不仅在建筑领域的项目中令人担忧，在信息技术领域的项目中也是如此。出众的项目经理会提前计划，将范围变更控制在最小值。

虽然约翰逊和他同事的这项研究是专门针对信息技术项目管理的，但是研究结果在概念上类似于飞行员逐项检查清单。戴维·尤里奇、史蒂夫·克尔等人最早将"飞行员逐项检查清单"这个概念引入变革管理，帮助通用公司完成"群策群力"项目。实际上，我们在RBL集团工作的时候，几乎每个项目都应用了"飞行员逐项检查清单"这个方法。这种方法源自飞行员的一项传统工作，他们会在起飞前环绕飞机进行检查，确定飞机是否适合飞行。逐项检查清单的价值在于它确保飞行员高度聚焦决定飞行任务成败的各个因素。应用于变革管理的逐项检查清单也是这个道理。

"飞行员逐项检查清单"列出了成功的变革管理必须具备的7项基本要求。它最初就是一个清单，用来帮助工作组处理具体的改进项目，确保项目在预算内按时完成。

测评表8-1是成功的变革需要的飞行员逐项检查清单表。阅读其中的要求事项，回忆最近企业做出的某项变革，然后针对每项要求找出影响变革成败的因素。

让外部专家参与进来

为了更好地利用敏捷人才，使用飞行员逐项检查清单可以帮助我们找到变革中存在的障碍。那些最了解企业的外部专家虽然未能得到有效使用，但是他们能为企业提供有用的信息。这些敏捷人才可以向你提供独到的见解，说明企业如何在无意之间让推动云人力资源发展的努力付之东流。例如，几次三番地延迟支付酬劳可能会导致关键的敏捷人才转投竞争对手。表 8-2 列出了阻碍变革成功的一些潜在因素。

| 测评表 8-1　飞行员逐项检查清单：影响变革成败的因素 |

评估你的企业，分数为 1~5，1= 完全不同意，5= 完全同意。

检查事项	分数
• 高管的支持：高管的支持明确而充足 • 对变革必要性有共同信念：达成广泛共识，认识到我们正在采取的行动的重要性，知道为什么这些行动对企业来说不仅是重要的，也是必要的 • 清晰而令人信服的目标：对参与其中的个人来说，这些目标是足够清晰和令人信服的 • 相关各方的支持：与变革项目相关的各方必须给予足够的支持，即他们支持或者至少不反对变革行动 • 明确的策略计划和决策入口：变革项目的计划必须详细明确，关键决策必须足够清楚 • 充足的人力、技术和财力资源：关键和必要的资源已到位或者可以按需获得 • 学习、改进和监控：有科学的流程，让关键的参与者和团队成员可以审查和评估进度，发现问题，并解决迫在眉睫的困难	

表 8-2　外部专家对逐项检查清单的评估

检查事项	敏捷人才可能会遇到的障碍
高管的支持	• 高管对问题和解决方案的看法与敏捷人才不一致； • 高管对工作先后顺序的意见与敏捷人才不一致，需要对工作先后顺序和行动准备情况达成一致意见； • 企业的行政工作潜移默化地影响了第三方，阻碍了第三方的工作；企业的透明度太低，无法保证项目成功

（续表）

检查事项	敏捷人才可能会遇到的障碍
对变革必要性有共同信念	• 员工对企业将要采取的必要行动缺乏信心，负责执行工作的员工缺乏信心； • 就企业是否准备好采取行动无法达成共识
清晰而令人信服的目标	• 没有考虑到分立的工作部门，也缺乏可衡量的具体目标； • 没有明确做出各项决定的负责人； • 范围蔓延会妨碍绩效，所以必须避免
相关各方的支持	• 在计划工作和执行工作的过程中，相关方的意见并没有被采纳或者仅被采纳少数几点； • 不同的利益相关方团体没有得到很好的管理
明确的策略计划和决策入口	• 路线图不翔实； • 没能确定关键性的绩效阶段或者节点，对这些阶段或者节点需要做出明确的抉择； • 没能准确找到关键决策点； • 没能阐明使用何种措施进行决策； • 没能确定每个决策入口参与决策的人员
充足的人力、技术和财力资源	• 没有理清每个工作阶段需要的资源； • 为工作提供的人力资源不足； • 出现范围变更，响应不及时，流程有疏漏，没法提供和部署所需人力资源
学习、改进和监控	• 进程缺乏监控； • 除了执行工作的人员，企业其他人员对这项工作一无所知，也没有安排学习培训； • 与相关各方在工作进度和绩效方面沟通欠佳

处理变革的文化障碍

领导者想要进行变革，飞行员逐项检查清单为有效变革管理提供了路线图，但是它没有明确地解决变革中的文化障碍。所有的企业都存在阻碍变革的文化因素，比如，个别公司对外部专家的怀疑态度更甚，甚至会抵制使用外部专家。但是，百事可乐公司和玛氏公司却经常与诸多咨询公司进行合作。

几年前，我们创建了一个方法帮助领导者解释企业变革遇到的文化障碍，我们将这个方法称为企业病毒检测器。例如，TASC公司是美国政府的大型高科技承包商，该公司的人力资源领导认为，文化因素比财务或者技术问题更具风险。正如TASC的首席人力资源官吉姆·劳勒在与我们开会时所说，"我们拥有出色的技术，强有力的资金支持。但是，要想发展壮大，我们需要让企业文化更加敏捷灵活"。

如何测试企业进行变革时遇到的文化障碍呢？搭建一个管理小组，组内开展评论和商讨，主题是如何让外部专家参与重要的项目或者计划。要求每一位管理人员思考变革过程中可能遇到的文化障碍，并说出其中三个最关键的障碍，然后组织合适的人员一同解决问题。例如，一位管理人员可能会认为存在"活动狂热"的问题，即我们只是不停地忙碌，却没有设置和管理工作中的优先事项。

等所有管理人员都选出了三个潜在障碍，然后进行交流，从所有这些列出的文化障碍中找出完成当下任务会遇到的最令人担忧的三个障碍并达成一致。

最后，进行小组讨论：为了减少甚至消除这些"病毒"的消极影响，什么可以做，什么必须做。测评表8-2列出了许多阻碍变革的常见"病毒"，你可以利用这个测评表帮助企业找出最令人担忧的障碍。

| 测评表 8-2　使用企业病毒检测器，找到在企业变革中最致命的三个文化障碍 |

RBL 集团使用企业文化病毒探测器来帮助管理团队发现企业存在的风险因素，随后分享它们有哪些特征，最后确定应该采取哪些措施消除它们。完整的探测器有 36 种阻碍变革的常见病毒。我们要求管理人员选择一两种他们认为最可能威胁到企业有效工作能力的病毒。完整的病毒检测器测评表可以向 RBL 集团申请使用。

企业变革管理时常见的文化风险因素或"病毒"：
1. 信息过多：我们在做决定之前会一次又一次地开会，这会降低决策速度。
2. 照我说的做：我们缺乏互相学习，患有"非我发明的"综合征。
3. 不错，但是……：公司里批评之风泛滥，我们总是在挑毛病。
4. 虚假同意：我们表面上同意，私下却持不同意见。
5. 我们最了解：我们比外部人才更了解客户的需求。

通往阿比林的道路

我们最喜欢的一堂课是几年前杰里·哈维教授为我们带来的。[11] 哈维教授在书里为我们讲述了他称为"阿比林悖论"的理论，现在也有人称之为"一致意见悖论"。这个虚构的故事是这样的：

在得克萨斯州的科尔曼，一个炎热的下午，一家人正在门廊上舒舒服服地玩多米诺骨牌，突然主人公岳父建议他们去北边 53 英里（约 85 千米）之外的阿比林吃晚饭。妻子说："这主意听起来不错。"丈夫觉得路程太远并且天气炎热，所以对此持保留态度，但是他觉得自己的这个想法可能与大家格格不入，于是他说："我觉得不错，希望岳母也想去。"岳母说："我当然想去，我已经很久没有去过阿比林了。"

路上天气炎热，一路尘嚣，而且车程漫长。他们到达自助餐厅发现阿比林的食物也很糟糕。这顿饭加上路上的时间，一共花费了 4 个小时，最终他们筋疲力尽地返回家中。其中一个人假装客套地说："这趟旅行还不错，对吧？"说这话的是岳母，实际上，她本想待在家里，但是因为其他三个人热情都很高，她便跟着去了。丈夫说："我可不怎么喜欢这趟旅行，我是为了迎合你们才去的。"妻子说："我只是为了讨你们开心才去的。我真是疯了，才会在这么热的天出门。"岳父则说他提出那样的建议只是觉得大家无聊，随口一说。

4 个人冷静下来，他们非常困惑为什么这次出行明明无一人想去，但是最终却决定集体前往。他们每个人都更愿意舒服地待在家里，本来他们可以享受这一下午的时光，只是他们没有一个人承认这一点。[12]

这个关于阿比林的故事传递的信息是要积极地管理出行，这也为变革管理提供了另一种方法，我们可以称之为"第二次 C 会议"。C 会议最初由通用电气发明，其首席执行官杰夫·伊梅尔特领衔的高管团队会一年两次评估通用电气每项业务的组织和人才使用情况。我们建议企业每半年对企业内的敏捷人才活动进行一次评估。领导者应该定期系统性地了解企业利用敏捷人才的情况，讨论在寻求外部人才的帮助并与他们合作的过程中，企业应有哪些非常优秀的做法，还可能存在哪些问题。我们将在下一章详细介绍这一方法。

| 小 结 | 随着企业对敏捷人才解决方案的开发更具深度和广度，变革管理作为关键技能的地位日趋凸显。正如其他章节所述，企业的文化和人力资本工作将极大地影响第三方专家的态度和他们的工作效率。然而，领导者可以更好地管理变革过程和企业行为，提升敏捷人才的使用效果。下一章是本书的最后一章，我们将以更广阔的视角来考虑敏捷人才的发展方式和它对未来的影响。

第九章

引进敏捷人才的深远影响:
制订人才计划的步骤

索尔·阿林斯基是芝加哥社会活动家，也是一名社区工作组织者，他的代表作《激进者守则》(*Rules for Radicals*)是"现实中激进分子实践的入门读本"。[1]我们也希望能写下这样的句子，因为这句话完美地表达了我们写作本书的意图。企业架构、企业活动的方式和为活动提供人力资源的方式都会经历深刻的变革，而敏捷人才正是推动这种变革的发动机。对于人才规划、工作团队的结构、未来的专家如何看待和管理自己的职业生涯，敏捷人才对企业都有着深远的影响，同时也极大地影响着领导者管理和引领变革的方式。

本章是全书的最后一章，我们将关注具有前瞻性思维的企业，阐述敏捷人才能为它们带来哪些关键机遇和挑战。随后我们会列出一个为期90天的计划及其关键步骤，让你的企业做好准备，充分利用敏捷人才。

作为战略因素，敏捷人才的重要性会不断增加

丽塔·麦格拉斯和戴维·蒂斯作为知名战略研究员指出，敏捷人才是公司迅速提升技术能力和实际应用能力的有力抓手。为了能够应对具有行业颠覆性的新竞争者带来的挑战，企业必须准确定位自己需要的能力。

菲利普·莫里斯国际公司（Phillip Morris International）为我们提供了一个值得参考的案例。在现在的烟草业，电子烟正在取代纸质卷烟，因为电子烟的焦油和尼古丁含量较低，这种转变实际上是健康意识和全球监管推动的深刻变革，而这种转变也促使管理者启动企业转型。查尔斯·本多蒂是菲利普·莫里斯亚洲集团的人力资源主管，他于2012来到中国香港，那时他很快意识到公司的人力资源部门从规模、结构和能力上都需要变革。

组建合适的团队是本多蒂的首要任务，他的团队中有公司总部和其他区域调来的非常有潜力的人力资源员工，他还从澳大利亚、南非、印度和韩国网罗了顶尖的人力资源人才。另外，本多蒂还从RBL集团、埃森哲和光辉国际等知名项目咨询和宏观咨询公司引进了经验丰富的人力资源专家、变革专家来指导变革计划，这为变革在短时间内完成提供了宝贵的经验。在18个月的期限内，规划的变革得以实现，之后外部人才撤离。

利用敏捷人才任重道远

很多管理者都参与了我们针对敏捷人才的研究，这让我们了解到在有效管理敏捷人才方面，很多企业还有很长的路要走。总的来说，在被调查的高管中，20%~25%的高管对于他们所在企业利用敏捷人才的能力和准备工作相当不满。在个别问题上，表示担忧的高管比例更大，例如，外部人才的职业导向和敬业度，企业对潜在问题的预测，外部人才不断提供最新信息的重要性，特别是了解可能会影响他们工作的关键信息。着手改进这些方面的工作将对外部专家的业绩和满意度产生重大影响。

企业变革的失败率高达70%，这确实令人担忧，但同样也有令人欣喜的一面。在我们的研究中，大约有一半的管理者对企业选择和使用敏捷人才的有效性持积极态度。确保外部人才承担的工作得到应有的支持，内外部人才之间建立良好关系，以及行政管理程序将外部人才视为合作伙伴而非事务性供应商，在这三个方面，管理者认为自己的企业做得不错或者较好。

敏捷人才让我们重新思考企业结构

管理学作家查尔斯·汉迪在预测企业未来会如何为各种活动配置资源时，建立了敏捷人才模型，他把这个模型称为"三叶草组织"。在20多年前的著作中，汉迪颇有先见之明，他提出了一个形似三叶草的未来企业模型（见图9-1）。[2]

图中文字：

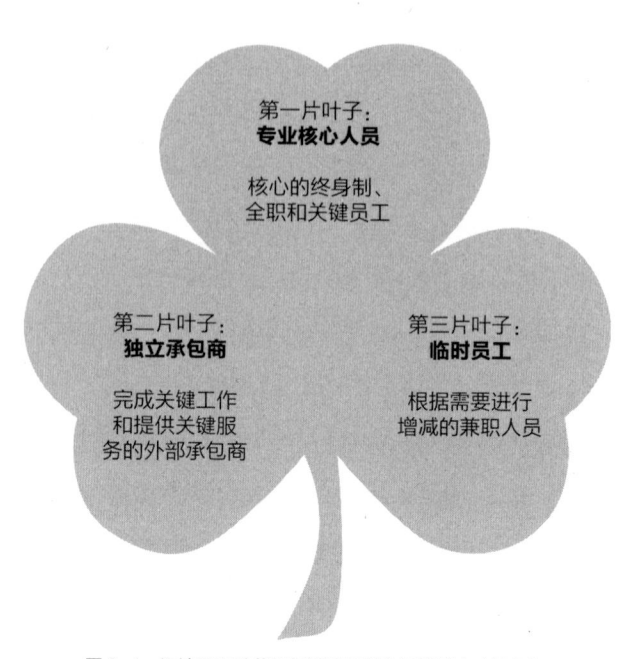

第一片叶子：
专业核心人员
核心的终身制、全职和关键员工

第二片叶子：
独立承包商
完成关键工作和提供关键服务的外部承包商

第三片叶子：
临时员工
根据需要进行增减的兼职人员

图 9-1　汉迪用三叶草组织模型预测外部敏捷人才的角色

资料来源：Charles Handy, *The Age of Unreason* (Boston: Harvard Business School Press, 1990).

如汉迪所述，第一片叶子由专业人士和管理人员组成，他们的技能定义了企业的核心能力，本书中我们将之称为战略能力。这个核心团队决定公司的日常活动和业务内容。另外两片叶子关注敏捷人才，承包商为企业提供战略协助，临时员工可以补充企业行政和实际操作能力的不足，敏捷人才与前两者始终都有密切联系，可以作为内部人员的补充。

敏捷人才能够在能力和灵活性两个关键领域给予企业帮助，并促成三叶草模型。通过敏捷人才，企业可以补充内部人才的不足，迅速补充企业内部的技能空白，或者在内部人才忙于其他重要工作时，从事他们无暇顾及的工作。参与我们研究的管理者告诉我们，外部人才还可以提高完成工作的速度，让企业具备应对机遇和挑战时迅速补充人员的能力。此外，敏捷人才让企业有机会向外部专家学习专业知识，而且因为外部专家为其他客户工作甚至在其他行业工作，他们的影响力也能让企业受益。外部人才的知识帮助企业测试和验证自己的计划和假设。

敏捷人才也让企业"接入"新的能力成为可能。我们认为这就像乐高型组织结构设计。美国第一资本投资国际集团是一家提供金融服务的企业，它为我们提供了很好的示例。第一资本在利用社交媒体和其他技术改善客户体验并增加客户黏性（也就是忠诚度）方面处于领先地位。因此，该公司几年前收购了总部位于旧金山的客户体验咨询公司 Adaptive Path。这家咨询公司整体植入第一资本，成为在第一资本内部独立运营的专属专家。Adaptive Path 公司联合创始人兼首席创意官杰西·加勒特谈道："似乎终于有企业真正明白了这一点。这家公司具有伟大的文化，认同并且珍视我们的求知欲和设计敏感性，他们希望我们不仅能继续在企业内开展工作，做出成绩，还要通过展开对话、传授知识，继续帮助其他人高质量地完成工作。需要着重指出的是，这家企业正是第一资本投资国际集团。"[3] 值得注意的是，Adaptive Path 公司依旧面向外部市场，他们策划了一系列公开研讨会和活动，进一步巩固了第一资本的声誉，也丰富了第一资本的洞见。

乔治·卢卡斯旗下的创意巨头工业光魔创造了《星球大战》和《夺宝奇兵》系列电影，这家公司是敏捷人才对企业的结构和人力资源工作产生重要影响的又一个案例，敏捷人才让企业在抓住新机遇时能按需扩张和收缩。《商业周刊》是这样描述该公司人力资源模式的：

> 工业光魔有大约700名固定员工，但是在冬天和春天这两个季节人数会增加多达1/4，因为在这段时间需要完成大多要在夏天上映的影片的特效制作。在旧金山的普雷西迪奥地区，大约有350人在法勒的带领下制作《变形金刚》，比在拍摄现场跟随导演迈克尔·贝的人员还要多。约翰·诺尔是工业光魔的视觉特效总监，他在制作《加勒比海盗》的第三部，他发现自己团队中有一半的成员都是新近加入工业光魔的。适应公司中人数不断变化的自由职业者大军是一项挑战，他们需要接受信息技术培训和人力资源定位，还要给他们配备一台甚至三台计算机以及工位。[4]

我们引用这段话，是为了阐明工业光魔的人力资源策略：通过利用敏捷人才扩大或者缩小员工数量，这是工业光魔开展业务的方式，这种方式也影响到诸多方面，从企业的组织结构到设备配置，不一而足。而企业对内部员工的宣传也非常重要：引入外部人才并非要用更便宜的外部临时员工取代内部雇员。敏捷人才是工业光魔动态人才方程式的一部分。卢卡斯和工业光魔的领导团队从整体性和包容性的视角去思考公司的员工队伍，而公司正是通过敏捷人才按需扩充或者缩减人员规模。公司也不存在明确的界限界定"我们"和"他们"。

接纳敏捷人才,将其视为一种明智而具有战略意义的商业决策,这一观念非常关键。几年前,堪萨斯大学的罗恩·阿什和文卡特·本达普迪仔细研究了长期员工对于使用顾问或者其他外部人才有何反应。他们发现,使用外部人才的环境非常关键。外部人才有两种角色,一种是作为降低成本的手段,一种是引入外部专家,进行产品和服务创新,提升企业的绩效。这两种角色相比,后者遇到的来自内部员工的阻力要小得多。迪士尼最近为我们提供了一个反面案例,展示了使用敏捷人才的一种错误方法。2014年末,迪士尼决定裁掉奥兰多公园的 250 名信息技术人员,将工作交由只是持有临时签证的印度籍技术人员。在许多情况下,那些即将被裁掉的员工还要按照公司的要求培训他们的替代者。这一决定让迪士尼遭遇了公关危机,而且还影响到了迪士尼在佛罗里达中部地区就业市场的声誉。一位曾经受雇于迪士尼的雇员向《纽约时报》大吐苦水:"我不敢相信他们居然让别人径直来到公司,坐在我们的桌前,接替我们的工作。"[5]

敏捷人才需要密切的内外部伙伴关系

第一银行在美国的地区性银行中名列前茅,该行的首席行政官谢利·塞弗特回顾了她还在美国国民城市银行工作时领导的"最佳改进计划"。2005—2007 年,在顾问和内部专家团队的帮助下,国民城市银行的"最佳改进计划"节约成本、增加收入合计达到

7亿美元。她向我们讲述了自己的经历：

> 我们收获的第一条也是最重要的经验是，引入其他公司的人员为我们提供帮助，我们需要与他们建立切实的伙伴关系。这就意味着我们需要展现出团队合作精神，就像我们期望外部合作伙伴也能有团队精神一样，如果没有高管团队和一线管理人员的付出，这很难实现。只有团队中所有人都追寻同一个目标，工作才能顺利进行。第二条重要经验是，如果你想要外部合作伙伴提供最棒的创意，那么你需要接受批评，有些时候甚至需要接受严厉刺耳的批评。但是如果想要进行变革，你必须敞开胸怀，拥抱批评。第三条重要的经验是你必须平等看待自己的企业和外部人才，在你把自己视为客户时，你很难做到这一点，但是如果不具备这种思维，你就没法让外部人才把工作做到最好。他们受雇于你的公司是因为他们能提供宝贵的观点，如果你不能敞开胸怀，倾听并接受他们的观点，特别是那些刺激到你想法的观点，你就没法从他们身上获取最大的价值。[6]

塞弗特为我们提供的信息很有说服力。工业光魔、第一资本和其他许多企业都在使用外部人才，并与他们建立伙伴关系，这些企业都表达了相同的看法。

企业如何在内部员工和外部人才之间建立更牢固、更持久的伙伴关系？创新型企业通过下述几种方式实现了这一目标：

- **预先投入，建立关系。**企业可以通过多种方式建立牢固的内外部人才伙伴关系，其中有效的职业导向作用显著却又经常被忽视。通过引入准确的导向场景，职业导向可以增加外部敏捷人才的敬业度。与外部人才一起工作的内部人才参与外部人才的入职和职业导向活动，可以加强内外部人才的团队合作。例如，几年前，埃克森美孚的加拿大子公司帝国石油从韬睿惠悦聘请了咨询团队，在一次重大收购后对内部进行组织审查。在项目启动之前，帝国石油的高级管理层派出了一个由高级管理人员和人力资源部门员工组成的小组，与咨询团队共度一天，为他们介绍企业的情况，包括其历史、文化和运营风格。这次沟通给韬睿惠悦的项目顾问留下了深刻的印象。帝国石油开放、主动的态度展现了企业对项目本身的支持，也展现了企业渴望与项目顾问建立合作伙伴关系的决心。所以，最终项目获得巨大成功也是顺理成章的。
- **利用实体空间，建立团队合作。**杜克能源公司曾聘请我们公司为其人力资源部门设计新的战略和组织架构。这项工作的负责人是马克·曼利，他的第一项措施是开辟了"交流空间"，让咨询团队以及将要和他们成为工作伙伴的内部员工一起交流沟通。在"交流空间"，团队成员中的内外部人才能够一起工作，以非正式的方法详细讨论问题，这样可以帮助人力资源部门实现成本目标和服务目标。类似这样的空间无须多么豪华，实际上，它并不需要一间大型会议室，一间小房间足矣。但是设置"交流空间"对于团队合作的影响却是巨大的。

- **意见交流会**。美国国民城市银行邀请贝恩资本协助公司开展一项"业内最佳"计划，这样一项看似简单的活动却让工作的质量产生了巨大变化。国民城市银行举行了非正式的意见交流会议，设置宽松自在的环境，让外部敏捷人才和内部员工坐在一起，分享他们所学，讨论银行该采取哪些行动提升盈利能力。这样的会议非常频繁，通常是在晚上，而且经常进行到深夜。但正是因为有这样的意见交流，团队成员之间建立了牢固的关系，为项目最终的成功做出了巨大贡献。

- **定期提供反馈**。与刚才描述的意见交流会类似，保险公司安盛公平准备实施一项"瘦身"计划，即对低价值的员工裁员10%。项目为期6个月，在此期间，安盛保险定期举行信息反馈会，参会的是领导该项目的外部人才和负责支持该项目的人力资源部门领导团队。事实证明，这类会议对工作进展帮助巨大。人力资源部门的人员积极参与，了解情况，不仅可以更好地解答一线管理人员的疑问，还获得了足够的信息，可以支持项目工作，在需要的时候还可以进行干预，保证项目在正轨上运行。而参与项目的外部专家也拥有了非常宝贵的反馈渠道，这种渠道帮助他们了解工作的影响和需要做出的改变。

- **事后回顾**。事后回顾是解决问题和变革管理的一个强有力方法，它让项目或者计划的负责人回顾本次工作的历程，分析问题的缘由，思考工作中能够积累哪些经验教训，帮助未来项目的开展。TASC 是一家服务政府的大型承包商，它在评估公司实施的人才战略时卓有成效地使用了事后回顾。通过事后回顾，TASC 结合政府采购政策的需求和自身未来的收购计划，可以发现自己需要如何进行变革。这一措施让 TASC 的高层非常清楚地认识到人才战略发展进程中的局限性，也让他们意识到如何重新进行设计。

敏捷人才让我们重新思考人才管理

敏捷人才并不会要求我们完全摒弃曾经的人才管理方式：它不会指望我们从本质上改变招聘人才的方式，不会指望我们将传统的人才管理模式扔进垃圾堆，不会指望我们停止在培训和人力资源开发方面投资，也不会指望我们放弃管理者这个角色（美捷步正试图这么做）。但是除了这些基本原则，敏捷人才这种人力资源方式能改变我们对人才问题的思考和行动方式。在处理与外部人才的关系时或者在他们身上进行投入时，我们需要采用与管理内部人才一样的原则。

我们之前曾经引用过马克·扎克伯格的话，在谈及脸书的职业发展时，他首先表明"脸书也欢迎创业者和黑客。如果有人只是想来脸书工作几年，然后去开创伟大的事业，我们也会为这样的人感到自豪"。[7] 这句话之所以铿锵有力，是因为它颠覆了传统人才管理的基石。在传统观念里，有效人才管理的目标和衡量优秀领导者的标准都是留住顶尖人才，但是扎克伯格却对这一点说"不"，他的观点是：即便你只是在一段时间里为我们工作，我们也很高兴。他传递的信息是：来脸书吧，加入我们，想在这里工作多久就工作多久；在脸书的这段时间，让自己更加卓越吧。这种观点不仅掷地有声，而且很具革命性。

敏捷人才如何给人才管理带来变革？企业可以通过多种方式实现人才管理方面的变革。

评估人才队伍

在企业的劳动力中，只有部分是真正发挥作用的，我们称这种劳动力为"真实劳动力"。对"真实劳动力"进行评估，是在敏捷人才的背景下重新思考人才管理的第一步，也是关键的一步。首先就是要了解企业员工工作的真实情况。例如，国民城市银行提出了顶级计划，作为计划的一部分，他们回顾了自己的培训和人力资源发展活动。在2006年，最高管理层认为该行在这些活动上花费了1500万美元，更有50名人力资源部门的全职员工负责进行雇员的培训。实际上，有近350名内部全职员工还有外部兼职人员参与了培训，总成本接近5000万美元，之前的计算并没有包含外部人才。

未来企业能力不足的领域，敏捷人才可以缩小这种能力差距

2014年，《计算机世界》刊登了一则关于谷歌和欧盟的故

事。该报道的第一句话就是,"欧洲已经向美国科技公司宣战"。[8]大家感兴趣的是谷歌内部最初对于欧洲各国政府对谷歌的攻击做何反应。起初,谷歌并不知道该如何看待这些攻击、该做出怎样的反应。推出更好的产品难道还不够吗?从敏捷人才的角度来看,拉里·佩奇、谢尔盖·布林、埃里克·施密特及管理团队的其他成员需要回答好这样一个问题:"随着影响力和统治力的提升,我们需要补充哪些新的专业人才或者需要对哪些已有人才进行补充?"无论欧盟的担忧事出有因、合乎情理还是仅仅出于政治考虑,回过头来看,谷歌应该更早地寻觅并雇用顶尖的政府关系领域的专业人才。这样做的原因有两个:一是可以巧妙规避欧洲各国政府的责问;二是这些专家可以指导公司高级管理层和运营管理人员应对各种突发问题。在战略性产品和服务规划中,政治因素是需要重点考虑的因素,谷歌的所有高管都应该具有这样的思维,并成为他们的固有技能,这一点尤为重要。谢丽尔·桑德伯格曾经是谷歌的高管,现在脸书担任首席运营官,她并没有忘记此前的教训,她现在负责指导脸书实施移动端战略。

分享经验和建议

几年前,乔恩接到了美孚石油董事长卢·诺托的电话,那时埃克森石油还没有收购美孚石油。诺托在纽约的布朗克斯长大,以直言不讳著称,他拿起电话说道:"我想要了解一下我们现在的项目顾问,从经费方面讲,排在第一的是麦肯锡,他们的情况我很熟悉;排在第二的是博思艾伦,他们的情况我也了解。你们公司排在第三，你们到底是什么鬼？"诺托的坦率虽然略显粗暴，但是随后两个人进行了深入的交谈，这就是分享经验和价值的范例。

借鉴这个范例，我们建议在个别技术或者实际应用领域，管理层应该坐下来，每年都回顾一下企业与外部人员的合作经验，这些外部人员包括个人、团队和公司。杜克企业教育是杜克大学富卡商学院负责高级管理者教育的机构，他们也运用类似的流程，评估自己的客座教师，并与那些得到客户和同事更高评价的客座教师续签合同。这是一项双赢的措施，通过对客座教师进行定期评估，既节省了杜克企业教育的资金，也让教师的日程安排更加充实。杜克企业教育的客户都是高管，他们非常挑剔苛刻，这种评估也保证了为他们授课的都是顶尖的优秀教师。

设立外部人才经理

随着企业越来越多地使用敏捷人才，对领导者来说，外部人才具备由外而内的洞察力非常重要。企业需要设置首席外部人才官这个新角色。大部分时候，外部人才的选择最终都是由"谁认识，谁招聘"这样的人际关系决定，而且企业也没有努力为外部专家提供应有的信息，告诉外部专家此前企业与谁合作过、他们的长处和短处，以及他们与企业文化的契合度如何。企业不应该让个别管理人员或者采购部门来决定敏捷人才的人选，而是应该不断深入了解目前的人才情况，了解过去企业的用人情况和结果，了解在某个能力领域应该使用何种人才才能创造价值，只有这样企业才能从使用敏捷人才中受益。

首席外部人才官是我们设想的职位。据我们所知，目前还没有任何企业设置这个职位，但是它正在逐步成为现实，我们已经看到了它的萌芽。例如，格拉德斯通资本（Gladstone Capital）是一家美国的投资银行，该行的董事总经理耶恩·辛普森是这么描述他的职责的："成功的金融交易商必须是一名合格的人才管理者。我的工作是发起和完成交易，要完成好这项工作就需要建立有深度的关系网，定期寻求建议，发掘专业人才和建立合作。我花费了大量时间积极寻找有助于交易工作的公司或者个人，并与他们建立关系，这包括特定行业的资深从业者，债券和股票合伙投资人，还有会计、税务、环境、科技甚至是工业心理学等技术领域的专家。"[9]

管理者要对内外部人才团队的有效性承担责任

　　许多企业会根据管理人员作为团队领导者的绩效来评估他们。随着企业对外部人才的依赖度不断提升，我们建议绩效管理体系明确地设置目标和措施，来评估管理人员在内外部团队的团队建设和工作效率方面的贡献，并且根据考核项目表现优劣直接提供反馈信息。

邀请外部人才更多地参与企业活动

　　限制外部敏捷人才参与企业事务，似乎合乎逻辑。显然，部分信息涉密，不应该与他们共享。领导者可能会认为员工活动可以促进团队建设，但是外部人才毕竟不是团队真正的组成部分；

他们来参加活动会让内部员工感到不舒服，也会分散内部员工的注意力。还有人担心外部人才过多地参与员工活动，增加了不必要的开销，因为那段时间他们本可以用来工作，他们的职业发展并不该由客户操心，因为他们已经赚取了大把钞票，而且把他们当作内部员工对待可能会发出错误的信号。如果外部人才决定采取法律手段，主张自己也应该享有跟正式员工一样的待遇，这无疑会增加企业的成本。考虑到所有这些顾虑，我们根据研究结果强烈建议，企业应该将外部人才作为团队的一部分，并且在这方面要多做工作，尽可能地让他们参与交流与沟通，参与企业的活动。在公司的餐厅给予他们与正式员工一样的权限和折扣；在企业的相关活动中，邀请他们来参加甚至来授课。在未来的企业人力资源结构中，敏捷人才极有可能会占更大的比例，所以企业的规章制度应该是包容性的，而非排外性的。

创建员工关系网，始终紧跟技术前沿

宝洁和麦肯锡等公司在创建员工关系网方面一直是先行者。我们建议让这种关系网络的建设更进一步，即建立一系列内外部人才的员工关系网，让大家可以集聚一堂，学习交流，分享经验，增进关系。

敏捷人才改变了我们支持职业发展的方式

自由职业者联盟最近进行了一项调查，在美国有 4000 万人加

入了敏捷人才浪潮。该项研究主要关注的是计算机领域，但是也涉及许多其他行业。这项调查还打破了一种成见，即很多人认为外部人才通常都是丢掉了大型组织中的工作而又无法找到正式工作的人。事实上，自由职业者联盟的研究表明，超过一半的敏捷人才是主动选择这一身份而非被逼无奈。[10]

敏捷人才在总劳动力中的占比越来越大，这一趋势正在改变他们对自己职业生涯的看法和发展规划，也改变了他们对职业发展途径的认识。

第一种有助于职业发展的途径是更新"群体"的概念。创建专业协会是为了支持从事特定专业工作的个人和企业，帮助他们在专业技能和职业方面得到发展。工会的出现是为了保护劳动者免受剥削。但是时代已然不同，敏捷人才已经成为一个独特的群体，这些专业人才，特别是其中的专家并不隶属于任何企业，他们已经建立了自己的组织，以此互相帮助、建立友谊、交流招聘信息。这些团体相互联系、分布广泛，欧洲和北美洲大部分国家都有与敏捷人才相关的协会。例如，自由职业者联盟有25万会员，他们会组织社交活动，提供技能培训，比如如何像专家一样去跟客户商谈费用问题。

第二种途径是人际交往技巧。大多数企业在招聘全职员工的时候，不仅看重专业技能和经验，还注重文化契合度。《哈佛商业评论》曾刊文指出，资深的管理人员通常认为在成功的要素中，契合度比专业技术更重要。[11]因此，企业也越来越期望敏捷人才具备岗位所需的人际交往技能和自我洞见能力，这样可以与企业无缝衔接，快马加鞭投入工作，并且迅速与内部员工和管理层建立良好关系。优秀的领导者使用各种手段来增加文化契合度，最简单的就是讲述企业文化，在面试中询问问题，比如，"团队合作对我们来说非常重要，团队如果没有与你有效协作，导致无法正常运转，你如何扭转局面，让团队高效运行？请举例说明。"现在，企业会更频繁地使用精心设计的面试问题，比如情境案例，"你发现你与项目经理关系不融洽。他岁数不大，相对来说缺乏经验，却充满自信，换个角度说就是傲慢。他想要告诉你你该如何完成工作，而你对目前工作的进展非常不满意，你会怎么办？是留下来保持忍耐，还是要离开？你能修复这种关系吗？"领导者还会参考应聘者此前完成任务的资料，来判断外部专家的文化契合度。

第三个途径是增加跨行业和跨地区流动。敏捷人才的人数在不断增长，越来越多的组织开始支持这个群体，并在外部专家和项目之间牵线搭桥。例如，Upwork 是敏捷人才的在线人才市场，有 25 万家企业通过这个平台寻找敏捷人才，有 800 万个人或企业在平台上寻找工作。这样的平台绝非只有 Upwork 一家，在英国也有为敏捷人才提供相同服务的网站 Freelancers.net，而 Authentic Jobs 这样的公司专注为创新领域的敏捷人才提供服务。这些公司和机构如同基础设施一样，正因为它们的存在，真正的全球性的敏捷人才市场才能得以发展。在这个市场中，外部人才可以与需要他们技能的企业建立联系，为长期项目或者特定项目提供支持。

第四个途径来自支持发展的新动力。大型企业的员工通常都会关注如何在自己的公司或机构内成长、成功，他们的职业路径非常明确具体，职业发展也同样侧重于企业需要的技能。对敏捷人才来说，科技为专业人才发展提供了新的动力。随着科技的日新月异，人们对于专业人才的成功驱动因素有了更深刻的研究，还掌握了帮助技能提升的新方式。比如，RBL集团与密歇根大学和世界各地的人力资源协会建立了长期的合作关系，以评估人力资源专业人才应该具有的能力。对于那些需要在各种人力资源企业中工作的外部人力资源专家，这项研究能够助力他们的工作，价值非凡。ReSkill公司是帮助外部人才技能提升的范例。这家企业刚刚起步，他们将职业和技能发展的内容整合到求职网站中，并且为会员提供技能评估，然后提出缩小技能差距的建议，还提供行业最新动态，安排各种会面，拓展外部人才的人际圈。

第五个途径我们称为"进来，出去，再进来"。埃森哲求职网站上介绍了一位专业人才的经历：他先加入埃森哲，随后为了平衡工作与家庭离开了埃森哲，随后又加盟了埃森哲客户的企业，最近埃森哲有幸又迎回了他。实际上，埃森哲建立了一个专门负责招募历任员工的团队，同时也建立了历任员工关系网，保持与离任员工的联系。这么做的企业不止埃森哲一家。英特尔也在开展类似工作，对于已经离职的优秀员工、拒绝了此前工作邀约的人员、想要返回工作岗位的退休人员，以及已经在其他地方就业的优秀实习生等，英特尔都与他们保持密切的联系。这一群体基本上包含两类人：一是招聘中的"漏网之鱼"，二是曾经在公司内部表现出众的员工，他们一旦回归公司会受到热烈欢迎。这种招聘被称为招募"职场回头客",它是招聘投入利益最大化的方式之一。招聘"职场回头客"的成本相当于招聘新员工的1/3~2/3,在了解应聘者方面不需要花什么时间和精力。

"职场回头客"对企业来说极具价值,因为他们了解企业的文化。他们从事这个行业已久或者至少经历过这个行业的洗礼,而且他们还带来了企业以外的新鲜视角。在离开企业的这段时间里,他们大概率地掌握了新技能,具备了新的战略思维,在不同的环境中取得了成功。如果他们没有成功,为什么要召回他们呢?他们很有可能结识了新人,拓展了人脉。处于不同行业、不同地区的不同企业都欢迎"浪子"带着宝贵的技能和经验"回头",这些技能和经验能够助力企业提升能力和绩效。

一项为期 90 天的计划

领导者该如何让自己的企业做好准备,更好地利用敏捷人才?在第一章,就如何在外部人才和他们服务的企业之间建立有效关系,我们给出了对应的方案。我们指出了企业需要调整的4个重要方面——战略、绩效、关系、行政。

这项为期90天计划的关键要素是什么?采取的关键行动有哪些?下面我们给出详细的步骤:

- **战略调整**:让人力资源部门进行一次敏捷人才调查。关键问题包括:我们需要在哪些地方使用外部人才?他们的工作是什么?我们为什么要使用外部人才,我们这样做是为了补充内部能力、降低成本，还是获得企业中没有的技能？我们是否很好地利用了我们的敏捷人才？有没有哪些重要的领域我们应该更多地使用敏捷人才，或者应该改变敏捷人才的使用方式？有哪些领域我们应该从使用内部人才转向使用外部人才，或者从使用外部专业人才转向使用内部员工，以便更好地利用我们的人才、时间和费用来满足更多的战略需求？

- **绩效调整**：在企业中主要使用敏捷人才的部门是组织管理和专业人才焦点小组。回答好这些问题：我们如何评估外部人才的绩效？针对优点和缺点提供反馈意见，我们做得如何？在企业内分享个人、团队或者公司的评估情况，这方面我们做得如何？我们对于敏捷人才的绩效管理总体情况如何？

- **关系调整**：了解内外部人员的经历。外部专业人才怎么描述他们在我们企业中的工作经历？现在和未来在企业中工作的外部人才怎么描述他们对企业的敬业度？我们是否为他们的成功做好准备工作？内部员工是如何对待他们的？我们内部员工在与外部人才合作的过程中有什么经验？我们在哪些方面做得较好？为了促进内外部人才的协作，我们应该开始做哪些工作，停止做哪些事情，或者应该做出哪些改变？

- **行政调整**：从两个角度去审视企业的管理程序：一是企业需要，二是敏捷人才的敬业度和绩效。回答好以下关键问题：与外部人才打交道，管理人员有何感受，哪些流程和政策非常奏效？从行政管理角度来看，哪些流程和政策应该做出改变，以提升效果和效率？外部人才是如何形容自己与企业在行政管理方面的互动的？这些专家认为哪些流程和政策效果好，哪些效果不好？他们的改进建议是什么？

上述步骤完全可以在 90 天内完成，它可以让企业深入了解哪些方面可以或者应该进行变革。通过这种全面评估，企业能够更好地制订战略计划，将全职员工和敏捷人才结合在一起，优化员工整体的工作效果和效率。制订这项计划所需的步骤在第一章中已有提及（见图 1-4），我们在图 9-2 中重申一次。

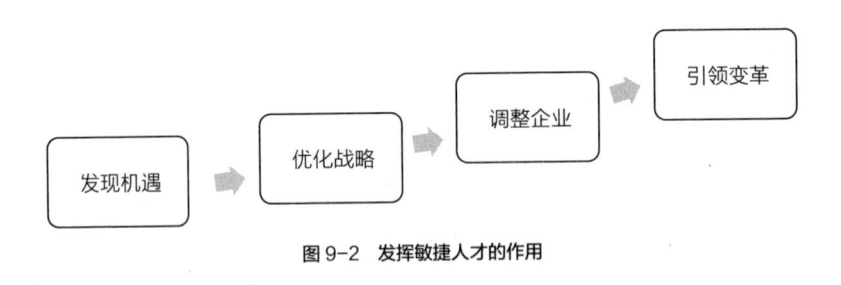

发现机遇 → 优化战略 → 调整企业 → 引领变革

图 9-2　发挥敏捷人才的作用

对待敏捷人才：从傲慢自大到主动邀约

我们对数千名管理者的领导力做了调查，RBL 集团相关数据表明，企业从细分型人才战略转向融合了敏捷人才的综合型人才战略。如我们所见，随着企业战略的转变和能力需求的变化，人力资源开发人员要把工作重点放在未来的人才需求上。就像各家公司会积极地招募全职员工一样，我们设想在不久的将来，各家企业会积极地招募外部合作伙伴。如果企业给自己的定位是从外部人才中吸引最好的敏捷人才，那它们应该采取怎样的行动或者应该具备怎样的条件？

在不久的将来，下面所有或者部分内容将会成真：

- 未来，企业需要吸引高绩效敏捷人才，让他们投入工作，并与他们建立良好的关系。在这方面，人力资源从业者将发挥更广泛、更巨大的作用，他们也将更加关注外部人才组织，比如美国的自由职业者联盟、法国的翻译行业专业协会（Aprotrad）和英国的独立专业人才协会和自由职业者协会（Ipse）。
- 企业或者由一名首席外部人才官参与运营，或者会将内外部人才的招聘及管理结合起来，并更频繁、更积极地分享绩效信息。
- 企业将在外部人才导向方面投入更多资金，甚至会提供教育和技能培训，以此缩小文化差距，更好地利用敏捷人才出类拔萃的专业技能。
- 企业将衡量和关注外部人才的敬业度，并且采取措施保证外部人才的绩效和满意度。
- 企业将尝试不同类型的劳动关系和劳动合同。例如，英国天然气公司与我们一位英国同事签署过一份长期合同，合同规定他每年需要为该公司工作100天。这位专家对在英国天然气公司从事全职工作不感兴趣，而且该公司也觉得既然短期雇用他可以满足公司和他本人的需求，那么全职雇佣关系便失去了价值。
- 奖励将不断演变。优秀的外部人才将获得留任和绩效奖金，以确保他们工作的连续性。

一切取决于领导力

在任何企业中，敏捷人才的有效性都取决于领导力的质量。领导力密码提供了一种系统有效的方式来思考能力出众的领导者的行为。领导力包含五重维度，即战略家、执行者、人才管理者、人力资本开发者和个人素质，这五个维度都与云人力资源带来的新挑战息息相关。而在我们面临的全新挑战中，首先就是要与时俱进地更新领导力的概念。从历史角度来看，优秀的领导力始于企业的边界，也止于企业的边界。在云人力资源的时代，企业的边界会发生变化，也会逐渐模糊。

例如，战略咨询大师拉姆·查兰提出企业在评估最高层领导的领导力培养情况时，需要考虑10个评判条件。（见表9-1）。[12]

表9-1 最高层领导领导力培养的评判条件

1	在我的公司，培养领导人才是现任领导的重要职责之一。在这项工作上，现任领导必须投入20%以上的时间和精力
2	如果某位现任领导在识别及培养领导人才方面表现突出，会受到公司的认可和奖励
3	上级领导定期指导培养对象，提出一两个他们认为需要提升的重点领域，尤其注意业务管理和为人之道

（续表）

4	对培养对象，至少每年进行一次评估，不限于其业绩表现，更重要的是考察这样的业绩是在什么情况下、通过哪些努力取得的
5	现任领导者会把他们对培养对象的考察意见汇总起来，并以此决定下一步的培养方式和工作安排
6	最具潜质的接班人得到的工作安排往往最具挑战性，胜任该项工作所需要的能力很可能远远超出了他们目前展现出来的专长
7	公司不会等有了职位空缺，再让这些重点培养的领导人才接受新的考验；相反，重点培养对象的工作安排取决于他们的成长状况。一旦他们做好准备，甚至还没完全做好准备，公司就会让他们担当更具挑战性的工作
8	公司对重点培养对象的才能评估要做到非常准确、全面，绝不能偏听偏信，并且不会把这种评估与年度绩效考核混为一谈
9	公司在管理高层领导培养工作时，严谨有序，章法明晰，就像管理销售收入、利润和现金流这样的重点财务指标一样
10	人力资源部门能够确保各级现任领导都在积极培养有潜力的领导人才，都能及早规划好自己的接班工作。这样做，能够帮助成长中的领导人才，让他们的上级领导更好地制订人才规划，把人才和岗位完美结合

资料来源：Adapted from Ram Charan, *Leaders at All Levels* (San Francisco: Jossey Bass, 2008).

读者可能已经注意到，拉姆·查兰提到的10个条件都是用来管理全职终身制员工的。在传统的云人力资源模型中，这种观点或许可行，但也仅仅是或许。我们要知道，据埃森哲估计，一家较为典型的大型公司中，20%~30%的员工是敏捷人才。而据财捷估计，到2020年，这一比例还会进一步上升。早在1989年，查尔斯·汉迪就预见到了云人力资源。[13] 什么样的领导者才是称职的，我们的看法跟过去的观点相比已经更进一步。我们在本书各个章节中表述的想法让我们自己异常兴奋，也希望能够在全球范围内就此话题展开对话与交流。我们希望听到你在敏捷人才变革道路上的故事，无论你采取的方式是传统型、精准提升能力型还是变革型，无论你最终是成功还是失败，我们都乐意听到你的故事。请通过网站 www.agiletalentcollaborative.com 与我们联系。我们已经在网站上发布了本书的补充信息和视频，为你的行动提供参考。

附 录

公司的敏捷人才效能商

"敏捷人才"这个概念,让大家颇为兴奋和欣慰。在发展和测试我们的理念和方法时,我们做了几十次的演讲、展示,与高管团队一起举行了多次研讨会。大家的反响令人鼓舞,很多想法也有助于我们做出改进,并开发出普适的方法和框架。其中一位高管见地颇深,他说:"单论每个理念,没有一个是革命性的,但是把它们集合在一起,绝对汇聚成了一种革命性的方法。我所知的所有企业,没有一个会用这些理念去管理外部人才。感谢你们,这个领域的知识对我们来说非常重要,而且分量还在不断增加,你们极大地丰富了我的理念和方法。"

我们称为云人力资源的劳动力转型,本书并不是第一本发现这一现象的图书。此前描述它的术语有很多,比如"零工经济""共享革命""自由职业者运动",而且许多专家都指出了这种转型。描述这种转型并不困难，如何发展能力，更加充分地利用这种转型提升企业的绩效，才是到目前为止所有研究缺失的一环。

我们的研究可以弥合这一差距。仅仅感叹人力资源的转型是不够的，我们需要聚焦如何应对转型，创造机会和价值。企业和企业领导者具体应该做些什么，才能切实地利用好对外部人才的投入？换句话说，企业如何才能吸引合适的外部人才，为这些人才提供合适的工作，让他们参与进来，建立一个促成协作的环境，并以最高效和最有效的方式管理和组织工作？

我们把这一入门的关键方法称为"敏捷人才效能商"。本附录介绍了我们开发的效能商测评，并提供了一份样表。效能商测评的完整版可以访问我们的网站获取，网址是www.agiletalentcollaborative.com。

我们也采纳了人力资源和业务管理人员的意见，建立了一个协作组织，我们称为"敏捷人才协作组织"。我们的团队创建了一家新的企业，这家企业聚焦外部人才的有效管理和绩效，并且正在研究总体方法和具体措施，为客户提供战略宏观咨询服务、全球数据库和其他具体方法，以帮助客户找到并实施最佳的解决方案，运用最佳的变革管理技能和措施，让敏捷人才源源不断地为企业创造价值。

本附录结合敏捷人才协作组织提供的资源，展示了如何使用本书中提供的测评表和其他方法，让领导团队更好地理解变革是如何解决问题、提升绩效的，理解如何更有效地制订计划促进变革，从而进行更具体、更有针对性的改进。

如何使用敏捷人才效能商测评表

本书的第一章描述了有效的外部人才管理要做出4个调整——战略调整、绩效调整、关系调整和行政管理调整,虽然只有4个方面,但实际上已经非常全面,这是调查敏捷人才是否有效的基础,www.agiletalentcollaborative.com 上有敏捷人才效能商测评表的全部内容,下述问题是其中部分内容。通过回答这些问题,你可以着手评估企业在吸引和管理敏捷人才方面效果如何。对于每个问题,企业可以根据具体情况评分(分值为1~7),1分意味着"一贯不足",4分意味着"参差不齐",7分意味着"一贯优秀"。

1. **战略调整**:涉及敏捷人才的方法与途径和我们的战略关联度如何;是否有清晰、可实现的目标;是否提供了正确的支持;是否有可实现的预算和时间表。

- 我们在选择外部合作伙伴时有一套始终如一的标准。
- 我们确保外部人才的工作有可实现的目标和时间安排。
- 当工作范围发生变化时,预算和进度受到的影响能够得到解决。
- 我们确保外部人才了解他们所做的工作具有更广泛的背景和影响。

2. **绩效调整**:我们是否提供了清晰的目标、时间安排、衡量标准、严明的纪律和严谨的评估,以及有效而又可以付诸实践的反馈意见。

- 我们鼓励敏捷人才在问题变得严重之前进行沟通交流。

- 我们定期评估外部人才的工作，并提供真实诚恳的绩效反馈。
- 在外部人才工作出色时，我们一定要肯定他们的出色表现。
- 在团队开始他们的项目之前，我们规定了明确的阶段时限和最终期限。

3. **关系调整**：我们如何确保敏捷人才与我们的企业文化相契合；在入职、职业导向、敬业度和参与度以及解决问题的流程方面，我们做得如何。

- 我们做得很好，让敏捷人才融入企业的文化和工作方式中。
- 我们会不断为外部人才提供最新的资讯，让他们知道企业的情况，特别是与他们工作息息相关的内容。
- 我们积极寻求外部人才的反馈意见，获取如何改进的建议。
- 我们将外部人才视为合作伙伴，因此也会像对待合作伙伴一样对待他们。

4. **行政调整**：我们在对待外部人才、减少官僚性程序，以及及时付款和解决问题方面做得如何。

- 我们确保外部人才在开展工作之前了解我们的期望，包括相关的规则和流程。
- 我们在洽谈费用时立场坚定，但是公平合理。
- 我们不会用无助于工作的官僚作风或者过度的管理要求来束缚敏捷人才，让他们背上负担。
- 在招聘敏捷人才的时候，我们的决策相当果断迅速。

根据你回答上述问题的评分，通过以下步骤你可以发现一些有趣的现象。

第一，累加你在调查中的得分。你的团队可以很快发现在战略重心、绩效管理、有效的内外部关系和简化行政管理4个需要调整的领域中，你们的相对优势和需要关心的内容。

图A-1是某位高管完成的调查结果，我们以此为例。该图能够让她迅速地看到企业在敏捷人才管理上哪些方面做得比较出色，而哪些方面需要或者必须做出改进。在这个案例中，战略调整和行政调整要么是"参差不齐"，要么是"较好"；但是涉及关系调整时，分数就不甚理想，比如，提升外部人才敬业度、确保不断的沟通交流、保证内部员工掌握相关技能，以及与外部同事工作时正确地进行导向等方面，分数都不高，也就是说关系调整是容易出问题的领域，应该加以重视；绩效调整的水平也很低，应该进行检查。比如，对于外部人才的绩效管理和信息反馈，企业是

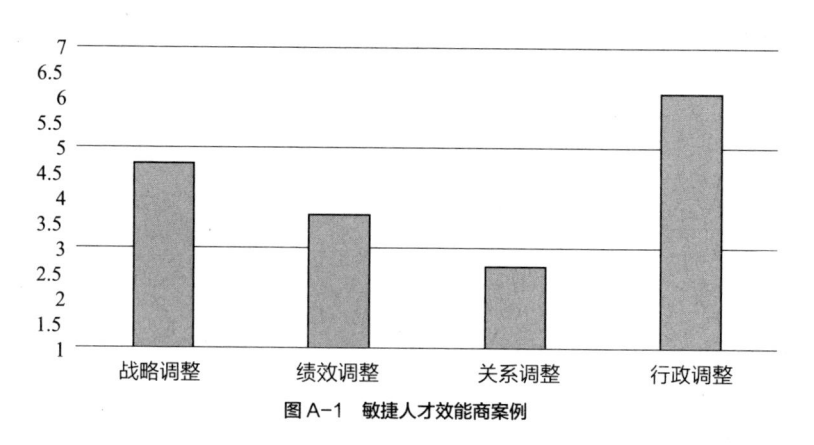

图A-1 敏捷人才效能商案例

注：在本案例中，一位高管使用效能商测评表来评估企业在管理敏捷人才方面的效果。每个类别有8个项目，评分的分值范围为1~7，其中1=一贯不足，4=参差不齐，7=一贯优秀。团队也适用同样的方法，管理人员可以将个人评分累加，也可以计算团队成员分数的平均值。

否有效果好、效率高且持续性的措施？

第二，将个人评估融入团队评价。在合并评估结果的时候，你需要看到全貌，可以与外部人才的评估结果进行比较，来找出双方看法不一致的地方。作为一个团队，这些评分的平均值代表着团队对于自己长处和短处的认知。你需要既看到整体的情况，又要照顾个人或者子团队的分数，确保完整和准确地了解做得较好的方面和需要改进的方面。

例如，我们最近在与一个高管团队进行合作，企业的领导者最初对企业总体的敏捷人才效能商持乐观态度。然而，当领导团队的所有成员都参与进来，并计算评分的时候，结果显示该企业在敏捷人才工作方面依旧有很多需要改进的地方。

第三，邀请远见卓识的重量级外部人才参与测评。邀请外部人才，了解他们在企业中的工作体验，然后将他们的观点和内部团队比较，最后再将外部人才的评分与领导团队的评分进行比较。比较之后，可以找出此前没有发现的优势领域和需要改进的地方。

第四，确定两三个需要进行变革的方面，而且变革需要的成本和时间都是可以接受的。使用团队评分或者内外部人才组合评分，确定两三个可以为企业带来益处的变革领域。在确定哪些方面需要变革时，并没有对错之分，但是我们建议着重分析两个维度：一是哪些领域进行变革可以带来最大的回报，二是变革管理所需成本有多大，存在的困难有哪些。比如，"群策群力"这样的项目可以帮助企业确定变革计划和变革需要的关键人员（参见第六章相关内容）。

第五，建立变革责任机制，制定时间表，如有需要提供相应的资源。例如，变革是否能在 30~60 天完成？"群策群力"这样的项目在这一步同样有效。

第六，进变革，严格审批，确定其他需要改进的地方。最后要确保在变革中实时跟进，并有严格的审批制度。设置清晰、严格、现实的时间表和进度安排，采取严格的审查流程，这样可以获得更加可观的实际效益。

更多诊断方法和处理方法

在敏捷人才协作组织的网站上，你可以找到关于敏捷人才效能商的全球数据库，这个数据库目前规模已经很大，而且还在快速增长。网站还全面列举了顶级公司的案例，展示了这些公司是如何与外部敏捷人才合作、提升竞争能力、建立优势的。敏捷人才协作组织的数据库让领导团队可以迅速洞察到为了更加有效使用敏捷人才，需要进行变革的领域。我们希望你能在 www.agiletalentcollaborative.com 网站上完成完整的在线测评。在完成之后，你会得到你的分数及其与全球趋势的对比，也能够清晰地看到你高于正常水平的方面，在这些方面你的企业可能采取了出色的实践方法；同时，你也能看到你的分数低于平均值的方面。把自己企业的敏捷人才效能商分数与敏捷人才协作组织数据库里其他企业的分数进行比较，可以知道你需要对企业的哪些方面进行变革。

致 谢

这本书的写作历时一年，准备工作也足足有一年。我们要感谢许多同事，他们为我们完成本书扫清了道路。我们特别想感谢其中几位。首先是戴维·尤里奇，他在RBL集团是我们的朋友，更是合作伙伴，他启迪了我们的思维。其次，我们想感谢麦克森公司的朱莉·珀森和豪尔赫·菲格雷多，他们希望就战略人力资源的新趋势进行研究，这让我们选中了本书的主题。最后，我们要感谢马丁·沃特斯，作为维多利亚的秘密和沐浴与美体（Bath&Body Works）的国际部总裁，他很早就开始支持我们的工作，并采纳我们的工作成果。

除此之外，我们还需要感谢许多人：保罗·汤普森和吉恩·多尔顿，感谢他们建立职业阶段体系；布鲁克·德尔，感谢他的职业生涯定位理论；感谢戴维·迈斯特，因为他著书论述了"彼此信赖的职业关系"；感谢丽塔·麦格拉斯，感谢她论述动态组织能力的著作。另外，我们要感谢此前效力于普华永道的亚伦·扬和犹他州立大学的斯班赛·帕特森，他们是我们的合作伙伴，也是敏捷人才协作计划的联合创始人，正是因为他们的努力与贡献，我们的研究才能付诸实践。

我们还要感谢其他同事，在发展和验证我们的观点时，他们给予了我们指导，与我们进行讨论，对我们提出批评，他们包括：泰尔玛·维亚勒、谢默斯·迈卡多和海伦·迈卡多、珍·辛普森、比尔·艾伦、罗恩·施奈德曼、延斯·詹森、希尔德·桑尼斯、保罗·卡丁、吉塔·达勒姆、苏珊·彼得森、埃旺·博尔斯塔德、雪莱·塞弗特、帕特·赫德利、弗兰克·塞斯佩德斯、索伦·伊萨克森、迪克森·泰勒、约什·扬格、梅根·沃尔－沃尔夫、加博·瓦贾西。

我们同时也要感谢 RBL 集团的同事，特别是克里斯汀·克里曼、欧内斯托·乌舍尔、玛莎·利利安娜·鲁伊兹、马克·尼曼、乔伊·汉森、亚当·兰普顿、达瑞尔·黄、杰西卡·约翰逊、内特·汤普森、艾伦·弗里德、依琳·伯恩斯、迈克尔·菲利普斯、贾德·怀特、乔伊·格罗霍夫斯基、杰恩·宝嘉、贾斯丁·阿伦、丽莎·格瑞霍。

我们还要特别感谢哈佛商业评论出版社的编辑梅琳达·梅里诺。她风趣幽默而又聪慧过人，在编辑工作中一丝不苟，很荣幸能与她共事，并向她学习。她对我们的初稿提出的意见即便是按照单倍行距排版，也长达 9 页，这让我们受益匪浅。她是出版业的传奇，我们向她致以最崇高的谢意。同时我们也要真诚地将掌声送给梅琳达在出版社的团队，在本书出版过程中的每一步，他们都倾注了汗水和专业精神。

最后,我们要将这本书献给我们挚爱的伴侣,卡洛琳·扬格和特里西娅·斯莫尔伍德,她们是我们家庭中的智者。

注　释

第一章　使用敏捷人才，获取竞争优势：趋势、机遇和挑战

1. Sara Horowitz and Fabio Rosati, "53 Million Americans Are Freelancing, New Survey Finds," freelancersunion.org, September 9, 2014, https://www.freelancersunion.org/blog/dispatches/2014/09/04/53million/.

2. See, for example, Dave Ulrich, Jon Younger, Wayne Brockbank, and Mike Ulrich, *HR from the Outside In* (New York: McGraw Hill, 2012).

3. Lisa Disselkamp, Werner Nieuwoudt, and David Parent, "Workforce on demand," Deloitte University Press, February 27, 2015, http://dupress.com/articles/on-demand-workforce-human-capital-trends-2015/.

4. Pat Hedley, personal communication with authors, 2014.

5. Zhu Lui and Yong Geng, "Is China Producing Too Many PhDs?" *Nature*, June 2011.

6. Ulrich et al., *HR from the Outside In*.

7. Dave Ulrich, Norm Smallwood and Kate Sweetman, *The Leadership Code: Five Rules to Lead By* (Boston: Harvard Business Review Press, 2008).

8. Reid Hoffman, Ben Casnocha, and Chris Yeh, "Tours of Duty: The New Employer-Employee Compact," *Harvard Business Review*, June 2013.

9. Rob Asghar, "What Millennials Want in the Workplace (and Why You Should Start Giving It to Them)," *Forbes*, January 13, 2014.

10. Chris Osika, "Next-Generation Knowledge Workers: Accelerating the Disruption in Business Mobility," white paper, Cisco Systems, October 8, 2013, http://blogs.cisco.com/sp/next-generation-knowledge-workers-accelerating-the-disruption-in-business-mobility.

11. Bedford Group, "Client/Agency Relationship Sustainability," white paper, Bedford Group, 2014, http://bedfordgroupconsulting.com/marketing-insights/agency-relationship-sustainability/.

12. Steve Crabtree, "Worldwide, 13% of Employees Are Engaged at Work," Gallup.com, October 8, 2013, http://www.gallup.com/poll/165269/worldwide-employees-engaged-work.aspx.

13. McKinsey Global Institute, "How to Beat the Transformation Odds," *McKinsey Insights & Publications*, April 2015, www.mckinsey.com/insights/organization/how_to_beat_the_transformation_odds.

14. Hans-Henrik Jorgensen, Laurence Owen, and Andreas Neus, "Making Change Work." IBM Global Business Services, 2008.

15. Economist Intelligence Unit, "Closing the gap: The link between project management excellence and long-term success," 2009, http://www.oracle.com/oms/eppm/report-economistintelligenceunit-en-248045.pdf.

16. B. Johnson and D. Hencke, "Not Fit for Purpose: Two Billion Pound Cost of Government's IT Blunders," *Guardian*, January 5, 2008.

17. Michael Bloch, Sven Blumberg, and Jürgen Laartz, "Delivering large scale IT projects on time, on budget and on value" McKinsey & Co., October 2012, http://www.mckinsey.com/insights/business_technology/delivering_large-scale_it_projects_on_time_on_budget_and_on_value.

18. Yves L. Doz and Gary Hamel, *Alliance Advantage: The Art of Creating Value Through Partnering* (Boston: Harvard Business Review Press, 1998).

19. Kathryn Rudie Harrigan, *Managing for Joint Venture Success* (New York: Lexington, 1986).

20. Jody Freeman and Martha Minow, *Government by Contract: Outsourcing and American Democracy* (Boston: Harvard University Press, 2009).

21. See, for example, Rachel L. Swarns, "Freelancers in the 'Gig Economy' Find a Mix of Freedom and Uncertainty," *New York Times*, February 9, 2014; Sarah Kessler, "Pixel and Dime: On (Not) Getting By in the Gig Economy," *Fast Company*, May, 2014; "There's an App for That: Freelance Workers Available at a Moment's Notice Will Reshape the Nature of Companies and the Structure of Careers," *Economist*, January 3, 2015.

22. TEKsystems, "Exploring the Consultant's Overall Dissatisfaction with the IT Staffing Industry," www.teksystems.com/resources/thought-leadership/it-talent-management/exploring-consultant-dissatisfaction#section1, accessed July 27, 2015.

第二章　发现机遇：评估敏捷人才对企业的价值

1. Dave Ulrich and Norm Smallwood, "Capitalizing on Capabilities," *Harvard Business Review*, June 2004.

2. Ibid.

第三章　优化战略：选择利用敏捷人才的正确途径

1. Peter Pae, "Hedge on Fuel Prices Pays Off," *Los Angeles Times*, May 30, 2008.

2. Walter Isaacson, *Steve Jobs* (New York: Simon & Schuster, 2013).

3. KPMG, "State of the Outsourcing Industry 2013: Executive Findings," company report, April 2013, http://www.kpmg-institutes.com/content/dam/kpmg/sharedservicesoutsourcinginstitute/pdf/2013/state-of-outsourcing-2013-exec-findings-hfs.pdf.

4. James Monks, "Who Are the Part-Time Faculty?" *American Association of University Professors*, July–August 2009, www.aaup.org/article/who-are-part-time-faculty#.UzA2Ftz-a9Z.

5. Andy Young, "Geeks in Residence: Embedding Tech in the Engine Rooms of the Arts," *Guardian*, February 28, 2014, www.theguardian.com/culture-professionals-network/culture-professionals-blog/2014/feb/28/geeks-residence-tech-arts-developer#img-1.

6. Ibid.

7. Boris Groysberg, *Chasing Stars: The Myth of Talent and the Portability of Performance* (Princeton, NJ: Princeton University Press, 2010).

8. Robert K. Mautz and Hussein A. Sharaf, *The Philosophy of Auditing* (Madison, WI: American Accounting Association, 1961).

第四章　让敏捷人才在企业中获得价值感

1. Jordan Price, "Why I Just Quit My Job at Apple," *Huffington Post*, February 11, 2014, www.huffingtonpost.com/jordan-price/why-i-quit-my-job-at-apple_b_4769885.html.

2. Russ Mitchell, "How to Manage Geeks," *Fast Company*, June 1999.

3. Airbnb, "Building at Airbnb," web page, www.airbnb.com/jobs/departments/engineering, accessed July 18, 2015.

4. Thomas O. Davenport, "The Four Stages of the Employee Value Proposition," ERE Media *TLNT, Talent Management and HR* (blog), February 20, 2013, www.eremedia.com/tlnt/the-4-stages-of-the-employee-value-proposition/.

5. Kecia Bal, "Making the Most of an EVP," *Human Resource Executive Online*, December 3, 2013, www.hreonline.com/HRE/view/story.jhtml?id=534356471.

6. Lydia Abbott, "More Edge, Less Vanilla: 5 Hilarious Employer Branding Videos," *LinkedIn Talent Blog*, March 7, 2014, http://talent.linkedin.com/blog/index.php/2014/03/7-funny-employer-branding-videos.

7. Talya N. Bauer. "Onboarding New Employees: Maximizing Success," SHRM.org, 2010, http://www.shrm.org/about/foundation/products/Documents/Onboarding%20EPG-%20FINAL.pdf.

第五章　确保专业人才的优异表现：即便人才不属于你，也需要培养

1. Gene W. Dalton and Paul H. Thompson, *Novations: Strategies for Career Management* (Glenview, IL: Scott Foresman, 1986).

2. See Paul H. Thompson, Robin Zenger Baker, and Norman Smallwood, "Improving Professional Development by Applying the Four-Stage Career Model," *Organizational Dynamics* 15, no. 2 (Autumn 1986), 49–62; Jon Younger and Kurt Sandholtz, "Helping R&D Professionals Build Successful Careers," *Research Technology Management* 40, no. 6 (November–December 1997).

3. Tom Jones, cited in Robert N. Charette, "An Engineering Career: Only a Young Person's Game?" *IEEE Spectrum*, September 4, 2013, http://spectrum.ieee.org/riskfactor/computing/it/an-engineering-career-only-a-young-persons-game.

4. K. Anders Ericsson, Ralf Th. Krampe and Clemens Tesch-Romer, "The Role of Deliberate Practice in the Acquisition of Expert Performance," *Psychological Review* 100, no. 3, (1993): 363–406.

5. James O'Brien, "The IT Salary 'Wave': Skills, Salaries, and the Coming Reckoning," *The Plug*, May 21, 2013, www.switchon.eaton.com/plug/article.aspx/the-it-salary-wave-skills-salaries-and-the-co.

6. Younger and Sandholtz, "Helping R&D Professionals Build Successful Careers."

7. Dalton and Thompson, *Novations: Strategies for Career Management*.

8. Adam Bryant, "Google's Quest to Build a Better Boss," *New York Times*, March 12, 2011, http://www.nytimes.com/2011/03/13/business/13hire.html.

9. Novations Group study of IBM R&D software project teams, unpublished document.

第六章　让人才融入企业，内外部人才通力合作

1. Marcus Buckingham and Curt Coffman, *First, Break All the Rules: What the World's Greatest Managers Do Differently* (New York: Simon & Schuster, 1999); quotation from Curt Coffman, interview by Barb Sanford, *Gallup Business Journal*, June 3, 2002, www.gallup.com/businessjournal/238/building-highly-engaged-workforce.aspx.

2. Steve Crabtree, "Worldwide, 13% of Employees Are Engaged at Work," *Gallup*, October 8, 2013, http://www.gallup.com/poll/165269/worldwide-employees-engaged-work.aspx.

3. In early versions of the VOI^2C^2E model, the "empowerment" factor was called "experimentation." The logic is similar.

4. Avi Dan, "Getting to the Bottom of What Clients Think of Agencies," *Forbes*, October 8, 2012, www.forbes.com/sites/avidan/2012/10/08/getting-to-the-bottom-of-what-clients-think-of-agencies/2/.

5. All quotes in this section are from ibid.

6. Gordon Perchthold and Jenny Sutton, "How to Lead Consultants to Exceed Expectations," *Ivey Business Journal* (September–October 2010), http://iveybusinessjournal.com/publication/how-to-lead-consultants-to-exceed-expectations/.

7. J. Richard Hackman and Greg R. Oldham, *The Job Diagnostic Survey: An Instrument for the Diagnosis of Jobs and Evaluation of Job Redesign Projects* (Arlington, VA: Office of Naval Research, 1974).

8. Jon R. Katzenbach and Douglas K. Smith, *The Wisdom of Teams: Creating the High-Performance Organization* (Boston: Harvard Business Review Press, 1992).

9. Ben Horowitz, "Good Product Manager, Bad Product Manager," unpublished memo, 1996, text available at http://a16z.com/2012/06/15/good-product-managerbad-product-manager/.

第七章　人才管理者：知道你需要何种技能，理解如何应用这些技能

1. Dave Ulrich, Norm Smallwood, and Kate Sweetman, *The Leadership Code: Five Rules to Lead By* (Boston: Harvard Business Review Press, 2008).

2. See the video "Steve Jobs and The Beatles" at "Steve Jobs, 1955–2011" *60 Minutes Overtime*, October 10, 2011, http://www.cbsnews.com/news/steve-jobs-1955-2011/.

3. George Beahm, ed., *The Boy Billionaire: Mark Zuckerberg in His Own Words* (Chicago: B2 Books, 2012), 99–100.

4. RBL research note, undated.

5. Ulrich, Smallwood, and Sweetman, *The Leadership Code*.

6. Crabtree, "Worldwide, 13% of Employees Are Engaged at Work."

第八章 引领变革：在企业管理人才的方式上进行创新

1. This chapter benefits from the ideas in Dave Ulrich, Dale Lake, Jon Younger, and Wayne Brockbank, "Change Insights and HR Implications," *Indian NHRD Network Journal* (July 2012).

2. "Consulting Business Trends Analysis," Plunkett Research blog, November 11, 2014, www.plunkettresearch.com/trends-analysis/consulting-management-business-market/.

3. Ibid.

4. "An Interview with Dan Reardon, Chief Executive Officer, North Highland," *Leader Magazine*, November/December 2013, http://www.leadersmag.com/issues/2013.4_Oct/ROB/LEADERS-Dan-Reardon-North-Highland.html.

5. Michael Lewis, *Flash Boys: A Wall Street Revolt* (New York: Norton, 2014).

6. Asmus Komm et al., "Return on Leadership: Competencies That Generate Growth," report by Egon Zehnder International and McKinsey & Company, February 2011, www.egonzehnder.com/files/return_on_leadership_1.pdf.

7. John P. Kotter, *Leading Change* (Boston: Harvard Business Review Press, 2012).

8. Ibid.

9. *Jurassic Park*, directed by Steven Spielberg, released June 1993.

10. Jim Johnson, Karen D. Boucher, Kyle Connors, and James Robinson, "Collaborating on Project Success," Standish Group report, *Software Magazine*, February–March 2001.

11. Jerry B. Harvey, *The Abilene Paradox and Other Meditations on Management* (San Francisco: Jossey-Bass, 1996).

12. Ibid.

第九章 引进敏捷人才的深远影响：制订人才计划的步骤

1. Saul D. Alinsky, *Rules for Radicals* (New York: Knopf, 2010).

2. Charles Handy, *The Age of Unreason* (Boston: Harvard Business School Press, 1990). See also Lee Tom Perry, Randall G. Stott, and Norm Smallwood, *Real-Time Strategy* (New York: Wiley, 1993).

3. Anthony Ha, "Design Firm Adaptive Path Acquired by Capital One," *Tech Crunch*, October 2014.

4. Brian Hindo, "The Empire Strikes at Silos," *Businessweek*, August 19, 2007, www.bloomberg.com/bw/stories/2007-08-19/the-empire-strikes-at-silos.

5. Julia Preston, "Pinks Slips at Disney: But First, Train Foreign Replacements," *New York Times*, June 3, 2015, http://www.nytimes.com/2015/06/04/us/last-task-after-layoff-at-disney-train-foreign-replacements.html?_r=0.

6. Shelley Seifert, interview with Jon Younger, New York, 2014.

7. Beahm, ed., *The Boy Billionaire*, 99–100.

8. Preston Gralla, "Europe Has a Love/Hate Thing for U.S. Tech," *Computerworld*, September 2014.

9. Jennifer Simpson, personal correspondence with authors, 2015.

10. Horowitz Rosati, "53 Million Americans Are Freelancing."

11. Jean Martin, "For Senior Leaders, Fit Matters More Than Skill," hbr.org, January 14, 2014, https://hbr.org/2014/01/for-senior-leaders-fit-matters-more-than-skill.

12. Ram Charan, *Leaders at All Levels* (San Francisco: Jossey Bass, 2008).

13. David Gartside, Yaarit Silverstone, Catherine Farley, and Susan M. Cantrell, "The Rise of the Extended Workforce," Accenture Institute for High Performance, 2013, https://www.accenture.com/us-en/insight-future-of-hr-rise-extended-workforce.aspx; Jeff Schwartz, Josh Bersin, and Bill Pelster, "Global Human Capital Trends 2014," Deloitte University Press, 2014, http://dupress.com/periodical/trends/global-human-capital-trends-2014/?icid=hp:ft:01; Charles Handy, *The Age of Unreason* (Boston: Harvard Business School Press, 1990).